生活中的法律

（初中版）

罗 丞　陈光明 / 主编

法律的基本意图是让公民尽可能的幸福。——柏拉图

探析典型案例，普及法律知识，弘扬法治精神，开创幸福生活！

"法治建设，教育先行"。

在中小学开设法治课程，强化法治教育，是提高青少年法治素养，

促进中小学生健康成长的需要；也是贯彻落实依法治国方略，建设社会主义法治国家的需要。

光明日报出版社

图书在版编目（CIP）数据

生活中的法律：初中版 / 罗丞，陈光明主编. --

北京：光明日报出版社，2019.9

ISBN 978 - 7 - 5194 - 5538 - 5

Ⅰ.①生… Ⅱ.①罗…②陈… Ⅲ.①法律—中国—

青少年读物 Ⅳ.①D920.5

中国版本图书馆 CIP 数据核字（2019）第 209076 号

生活中的法律：初中版
SHENGHUOZHONG DE FALV：CHUZHONGBAN

主　　编：罗　丞　陈光明

责任编辑：史　宁　　　　　　　　　责任校对：赵鸣鸣

封面设计：中联学林　　　　　　　　责任印制：曹　净

出版发行：光明日报出版社

地　　址：北京市西城区永安路 106 号，100050

电　　话：010 - 63139890（咨询），010 - 63131930（邮购）

传　　真：010 - 63131930

网　　址：http：//book. gmw. cn

E - mail：shining@ gmw. cn

法律顾问：北京德恒律师事务所龚柳方律师

印　　刷：三河市华东印刷有限公司

装　　订：三河市华东印刷有限公司

本书如有破损、缺页、装订错误，请与本社联系调换，电话：010 - 63131930

开　　本：170mm × 240mm

字　　数：172 千字　　　　　　　　印　　张：16

版　　次：2019 年 9 月第 1 版　　　　印　　次：2019 年 9 月第 1 次印刷

书　　号：ISBN 978 - 7 - 5194 - 5538 - 5

定　　价：58. 00 元

重庆市第十八中学校本教材
生活中的法律

主　　编　罗　丞　　陈光明

副 主 编　李　勇　　廖成有

编写人员　李　勇　　李成念　　李俐君　　陈光明　　陈　娜

　　　　　罗　丞　　舒雪莲　　廖成有　　廖茂吉　　李　可

漫画作者　李　可

编者的话

依法治国是党领导人民治理国家的基本方略。党的十八大把"全民守法"作为建设法治中国的重要内容，青少年守法是全民守法的重要组成部分。但是长期以来，我国青少年守法意识相对淡薄，犯罪率偏高，阻碍了全民守法的推进。青少年是国家的未来、民族的希望。建设法治国家，提高青少年的法治素养，必须加强法治教育。

党的十八届四中全会特别指出："把法治教育纳入国民教育体系，从青少年抓起，在中小学设立法治知识课程。"目前，我国中小学法治教育还存在诸多问题：法治教育在中小学教育体系中的学科地位不够独立，没有独立的课程标准，缺乏配套教材，教学效果不理想……因此，中小学法治教育还有待进一步发展和完善，其课程建设需要进一步加强。

法治教育是我校深耕多年的特色教育项目之一，也是我校课程建设和教育教学的一大亮点。为进一步贯彻落实教育部《中小学法治教育指导纲要》的要求，深化我校教育改革，优化学校管理，构建平安和谐校园，我校自 2010 年起开设了法治教育精品选修课程，法治教育成绩显著，课程建设成果突出。2016 年，该课程被评为重庆市"精品选修课程"。2017 年，我们编著出版了《法律与生活》（高中版）校本教材。在此基础上，2019 年，我们又编著了切合初中学生学情的法治教育校本教程——《生活中的法律》（初中版）。

我校开设的法治教育精品选修课程是一门以"生活"为基础，以"案例"为支撑，以"活动"为载体，以"实践"为目的，旨在提高中学生法治素养和实践能力的综合课程。学习《生活中的法律》，有助于青少年正确认识自我，并依法合理处理实际生活中可能遇到的各种法律关系；有助于培养青少年的爱国意识、公民意识、守法意识、权利义务意识、自我保护意识，养成尊重宪法、维护法律的习惯；有助于提高青少年明辨是非的能力，引导青少年做学法知法、守法用法的合格公民。

"法治建设，教育先行"。在中小学开设法治课程，强化法治教育，是提高青少年法治素养，促进中小学生健康成长的需要；也是贯彻落实依法治国方略，建设社会主义法治国家的需要。

法治教育校本教材编委会
2019 年 6 月 8 日

目　录
CONTENTS

第一编　法治篇

第二编　权利篇

第四编 社会篇

第五编 安全篇

第一编　法治篇

第一讲

法治阳光　照亮中国

1.1　法治护佑　美好生活
——"食""住""行"的法律保障

【典案故事会】

吃得安全
——重拳打击"潲水油"

王先生是有名的"好吃狗"，听说某市一家火锅店很有特色，味道正宗，慕名驱车前去一饱口福。服务员介绍说："我们用的都是一次性锅底，用油干净、健康。"王先生吃得津津有味，赞不绝口。没想到，

餐后不久，王先生肚子剧烈疼痛，遂怀疑火锅油有问题。于是王先生请人到这家火锅店做"卧底"，结果发现店家竟使用潲水油作为火锅油料。

"卧底"所录视频显示：多名服务员忙着将客人食用后的火锅油倒入一只大铁桶里，一名未戴口罩的师傅站在桶边，用漏勺打捞桶里的漂浮物，倒进旁边的垃圾桶里，大铁桶里余下的火锅油直接舀进锅，撒上干辣椒和香料后，就由服务员直接端给客人了。

邓先生收集保存好证据后，及时向有关部门举报该火锅店的不法行为，并最终将该火锅店老板熊某告上法庭，要求火锅店赔礼道歉，并赔偿损失。

住得放心
——积极应对"楼歪歪"

晓东（化名），某市初二学生，3年前一家人美滋滋地乔迁新居。新家就在晓东就读的学校附近的某高档小区里，十分方便。可是原本幸福的一家人最近却高兴不起来，晓东一家不得不舍近求远，暂时寄住在

离学校5公里以外的外婆家，因为晓东新家的楼体发生了整体性严重倾斜。多位住户家的墙壁出现了贯穿性裂缝，门框被挤压变形导致关不上门；远看整栋楼东高西低，而且两个单元之间

出现了肉眼可见的锥形裂缝……业主们调侃这一奇特景象为"楼歪歪"，戏称"我们买到了比萨斜塔"，但内心却惊恐不安。

物业派人把裂开部分的墙皮铲掉再糊上，可治标不治本，不久后开裂越来越多。获悉该情况后，有关部门要求开发商、建筑商打桩加固地基。开发商力图协商解决此事，但许多居民主张将开发商、建筑商和有关部门告上法庭。

行得顺畅
——"礼让行人"的新交规

2017 年夏天，一段行车记录仪拍下的视频在网上热传。视频中，一辆汽车正要驶过斑马线时，司机突然发现斑马线右侧有一位女士拉着一个小女孩准备过马路。看到有车，两人停了下来。司机见状将车停下礼让行人。当她们走到马路中间时，小女孩突然鞠躬向司机表示感谢，随后还向司机挥手再见。二人通过马路后，这辆车才继续行驶。这段视频感动了众多网友，大家纷纷为女孩和司机的行为点赞。

斑马线上礼让行人不仅是文明驾驶的好习惯，还升级为全国各地新交规的一项重要内容。以北京为例，机动车行经人行横道遇行人通过时，应当停车让行；未停车让行的，处 200 元罚款，并记 3 分。仅 2016 年，北京市因机动车遇人行横道时未减速行驶或停车让行而发生的事故达 37 起，伤亡近 50 人，所以北京制定新交规要求司机驾车必须"礼让行人"。

【合作探究园】

学完以上故事后，同学们提出了以下问题，并开展探究讨论：

1. 收集、加工、使用"潲水油"均是违法行为，严重的可能构成犯罪？

2. 只要过了保质期，居民购买的房屋发生倾斜，开发商、建筑商均不承担责任？

3. "礼让行人"的新交规会导致原本拥堵的道路，更加拥堵？

请你和他们一道参与以上探究讨论，并谈谈你的认识。

【法官评析场】

以上三个案例涉及老百姓的"食、住、行"等基本民生问题。以人为本，保障民生，是党和国家的责任和重要使命。

"民以食为天，食以安为先"。"潲水油"含有大量的细菌和毒素，如果餐馆用其作食料，会严重危害人体健康。案例一中火锅店老板熊某等人为获取暴利，昧着良心，用"潲水油"作为火锅油料，违背诚信原则，违反了《食品卫生许可条例》和《食品安全法》，侵犯了消费者的合法权利，危害了人民群众的生命健康安全。工商行政管理部门可以依法没收该火锅店的违法所得及违法生产经营的食品、工具等，并处以罚款，也可以责令其停业整改，甚至可以吊销其营业执照。人民法院可依法判令火锅店老板熊某等人向王先生赔礼道歉，并赔偿损失。若熊某等人的行为构成犯罪，可依法追究其刑事责任。

"住有所居"是党和国家对人民的庄严承诺。安全、放心舒适的居住环境与条件是人民群众的基本需求。晓东所在小区发生"楼歪歪"事件，如果问题严重，有关部门和责任单位首先要及时疏散居民，确保居民安全；然后检测楼体倾斜的程度，能进行加固维修的，及时加固维修；无法维修需要拆除的，必须尽快拆除，消除安全隐患。面对"楼歪歪"事件，公众不仅想知道"楼歪歪"的技术原因，更多的是想知道发生这类事故更深层次的原因。如果该"楼歪歪"事件是由住宅工程质量和管理上存在的问题导致的，或者由周围施工安全质量管理上存在的问题引发的，晓东等业主或人民检察院有权向法院提起诉讼，要求有关开发商、建筑商和管理部门承担相应的责任。

"宁停三分，不抢一秒"。案例三中司机恪守交规，文明驾车，礼让行人，小女孩鞠躬致谢，挥手告别，共同构成一道交通出行文明风景线，感动了网友，赢得了点赞。为保障交通顺畅和人民群众的生命财产安全，国家出台了"礼让行人"的新交规。根据道路交通的法律法规规定，行人和机动车行经有信号灯的斑马线时，都应按照信号灯的指示通行；机动车在行经无信号灯控制的斑马线时，遇行人过马路必须在斑马线外停车。如果机动车在斑马线前有鸣笛催促，或者行人、车辆同处斑马线内，且行人在机动车正前方或者相邻车行道范围，则该机动车将被认定为不礼让行人。这些规定体现了以人为本的理念，更好地保护人民群众的利益。

　　宪法和法律为公民的衣食住行等民生问题提供了法律保障。只有社会活动的参与者守住法律和道德的底线，弘扬社会美德，人民群众才能拥有更加美好幸福的生活。

【法律知识库】

《食品安全法》

　　第二十八条　禁止生产经营用非食品原料生产的食品或者添加食品添加剂以外的化学物质和其他可能危害人体健康物质的食品，或者用回收食品作为原料生产的食品。

《餐饮服务食品安全监督管理办法》

　　用回收食品作为原料的，主管部门将没收生产经营者的违法所得及违法生产经营的食品、工具等；没收食品货值金额不足1万元的，并处2000元以上5万元以下罚款；货值金额1万元以上的，并处货值金额五倍以上十倍以下罚款；情节严重的，吊销许可证。

《建筑法》

　　第六十条　建筑物在合理使用寿命内，必须确保地基基础工程和主体结构的质量。

《侵权责任法》

　　第八十六条　建筑物、构筑物或者其他设施倒塌造成他人损害的，由建设单位与施工单位承担连带责任。

《合同法》

　　第一百一十一条　质量不符合约定的，应当按照当事人的约定承担违约责任。

《道路交通安全法》

　　第四十七条　机动车行经人行横道时，应当减速行驶；遇行人正在通过人行横道，应当停车让行。

《公安部 123 号令》

　　机动车行经斑马线不礼让行人的违法行为处罚款 200 元，记 3 分；对于行人闯红灯等行为将处 10 元罚款，对于翻越道路隔离设施的处 10 元罚款。

【博士点睛台】

　　法律就是秩序，是社会稳定、经济发展、人民幸福的基本保障。

【实践拓展营】

法律是美好生活的有力和有效保障，在保障民生、促进和谐等方面发挥着重要作用。请同学们以学习小组为单位，收集法律在保障百姓"衣"

"食""住""行""医""教""养"等方面的典型案例，并就案例进行交流，体会法治在护佑人民美好生活方面的重要作用。

典型案例（一）	典型案例（二）	典型案例（三）

1.2　依法治国　从严治党

——法律面前人人平等

【典案故事会】

罪有应得

　　赵某曾在某地方政府任职，在外人看来，赵某做事稳妥，待人和善。然而，在任职期间，赵某多次利用职务之便为有关个人和公司谋取利益，并从中获得巨额"好处"。在此过程中，赵某结识了年轻、漂亮，只身一人在外打拼的李某，两人很快建立起了较为亲密的关系。

　　可好景不长，一次矛盾争执过后，李某威胁要检举赵某，赵某得知后心生歹念。一天，赵某以协商为由，将李某约出来，持枪将其射杀，并毁尸灭迹。经法院审判，赵某的行为构成故意杀人罪、非法持有枪支罪、弹药罪等，最终，赵某成为了倒在自己枪下的第二人。曾经位高权重的赵某，因贪赃枉法，恣意妄为，甚至杀人灭口，落得如此下场，群众无不拍手称快。

插翅难逃

在某市，杨某是众人皆知的"大人物"，其行事泼辣、高调，对其周围的人说话毫不客气，但也相当"照顾"。在其担任某市规划局局长、副市长期间，她为她的"马仔"们解决各种问题，尤其是在别人看来

猎狐

无法解决的房子问题都因为杨某的身份和人脉而轻易解决。同时，杨某也毫不避讳地进行权钱交易，她经常以"一卡车"为计量单位在省城与当地之间进行行贿和受贿活动，这几乎已经成为公开的秘密。

事发后，杨某潜逃海外。可谁知，中国政府早已撒下了一张国际法网，并且这张网越织越密。杨某在外逃的 13 年零 7 个月里，辗转了多个国家和地区却处处碰壁，无处遁形，最终她选择了回国投案自首。法院认为，杨某的行为构成贪污罪、受贿罪，但因其主动回国投案，具备自首情节，进而依法做出相应处罚。

"小官"大害

双手叉腰，拿着小喇叭，一路骂骂咧咧，这是孟某作为村主任经常出现在村里的形象。一次，孟某故意铲毁了杨某家的苗木，杨某遂向电视台举报，寻求帮助。当孟某得知此事后，一方面伙同一帮社会闲散人员冲到杨某家进行打砸，造成杨某严重的财产损失；另一方面，孟某又带着一伙人闯进镇政府，抢夺摄像机，

向记者泼洒农药，威胁并殴打
记者，面对这种情况，全村人
却敢怒而不敢言。

然而，这还只是孟某累累
罪行的冰山一角。孟某独揽村
务，横行乡里。在他治理之下，
村里大小事宜悉数都要罚款、
"纳贡"，甚至连婚丧嫁娶这样的事情，都必须"知会"。曾有人
"私自"办婚礼，结果孟某当天就送去了花圈。法院认为，孟某
的行为已经构成寻衅滋事罪、故意损坏财物罪等七项罪名，孟某
最终也为其行为付出了惨痛的代价。

【合作探究园】

阅读完以上三个案例后，有同学用图来表达他的观点和感想，
你如何解读他的观点，你是否赞同这样的观点？请与大家一起
讨论。

一个都不能少

【法官评析场】

无论身居何位、身处何地，党政干部都是人民的公仆，应该为人民服务。但以上三个案例中的人物行为都与这一宗旨背道而驰，在依法治国和从严治党的当下，一切违法乱纪的行为都将受到法律的严惩。

国家高级别官员一旦出问题，它影响的不仅仅是个人，而是整个政治生态。这是因为他们身居高位，如若缺乏制度约束或监督，就有可能会任意妄为，甚至只手遮天。案例一中的赵某本身就有从警经历（曾任公安厅厅长，人称"公安一号"），对法律法规应该了如指掌，然而却以身试法、知法犯法，最终酿成惨案。因此，既要依法严厉打击违法犯罪行为，也要立规矩，只有把权力真正关进制度的笼子里，才能标本兼治。

长期以来，腐败官员一直心存幻想，认为国外就是"避罪天堂"。案例二中的杨某就是众多外逃腐败分子之一，也是"猎狐行动"的重要对象。截至 2017 年 8 月底，我国已与全球几十个国家和地区建立起了追逃追赃机制，签署了一系列引渡条约、刑事司法协助类条约以及金融情报交换协议等合作协议。天网恢恢疏而不漏，杨某的成功归案得益于中美之间的密切合作。一张无形的国际法网已经形成，且越织越密，狡"狐"三窟难逃被绳之以法的宿命。

　　基层工作看似单纯，但麻雀虽小五脏俱全，其间各种利益瓜葛盘根错节，如果出现"贪蝇"，其数量多，而且会直接影响人民群众的切身利益。案例三中，孟某最终能成为横行乡里目无法纪、为所欲为的"贪蝇"、"村霸"，与镇政府的"放纵"和村民的忍让不无关系。依法治国需要有健全的法律体系，更应该有全民守法护法的意识和氛围，做到防微杜渐，自觉抵制不道德、不合规与违法犯罪行为，这样我们才不会成为下一个"贪蝇"，进而化"蝇"成"虎"。

【法律知识库】

《宪法》

　　第三十三条　中华人民共和国公民在法律面前一律平等。

　　第三十八条　中华人民共和国公民的人格尊严不受侵犯。禁止用任何方法对公民进行侮辱、诽谤和诬告陷害。

　　第三十九条　中华人民共和国公民的住宅不受侵犯。禁止非法搜查或者非法侵入公民的住宅。

　　第四十一条　对于公民的申诉、控告或者检举，有关国家机关必须查清事实，负责处理。任何人不得压制和打击报复。

《刑法》

　　第二百三十二条　故意杀人的，处死刑、无期徒刑或者十年以上有期徒刑；情节较轻的，处三年以上十年以下有期徒刑。

　　第三百八十二条　国家工作人员利用职务上的便利，侵吞、窃取、骗取或者以其他手段非法占有公共财物的，是贪污罪。

《联合国反腐败公约》

第四十三条　缔约国应当依照本公约第四十四条至五十条的规定在刑事案件中相互合作。在适当而且符合本国法律制度的情况下，缔约国应当考虑与腐败有关的民事和行政案件调查和诉讼中相互协助。

第五十四条　通过没收事宜的国际合作追回资产的机制。

【博士点睛台】

反腐倡廉永远在路上。

【实践拓展营】

近年来，我国法治建设取得了巨大成就。请你收集整理近五年来你所在省市或区县的法治建设成果，并在班会上做一次"法治建设成果"主题汇报。

温馨提示：
1.明确活动的目的和主题；
2.自主收集整理资料；
3.用PPT展示成果。

第二讲

立法执法　司法守法

2.1　科学立法　严格执法

——"入乡随俗"

【典案故事会】

守"口"如瓶

　　哈某是一个"时尚"的年轻人，在他看来，"随性"就是个性。在日常生活中，他习惯于随手乱扔垃圾，随地吐痰，出口成"脏"，他从不认为这有什么问题，只是"不拘小节"罢了。在平日里，哈某爱好旅游，只要一有闲暇时间就会去国外转转。

　　一次，他到新加坡旅游，在某条商业街的快餐店用完餐后，

刚出大门，发现口中有异物，觉得不舒服，本想如往常一般，随口一吐就走，可突然想起，这是在新加坡，随地吐痰属于违法行为，会受到严厉的处罚。于是，哈某强忍着不适回到了店内，将口中异物吐到了垃圾桶内。

回到国内，哈某将自己的经历告知了朋友刘某，刘某拍拍哈某的肩膀，语重心长地说："万幸，如果你当时随地吐了，你将最高可受到1000新币的罚款（约合人民币4780元）。"哈某听后，长舒了一口气。

无形的"宣传"

"快来看，快来看啊，全新电脑只要1日元就可以带回家啦！"一日，在日本出差的江某走在大街上突然听到推销员声嘶力竭地叫卖道。江某心想，儿子今年考上大学，正好缺一台电脑，1日元新电脑，那还不等于白送？一定要"抢到手"。江某一路小跑，心里暗自谋划着，凭借自己在国内"抢货"的经验，不管货多货少，只要想方设法冲在队伍最前面，肯定都能拿得到，因此，不管待会场面有多"失控"，前面有多少人，自己都要"义无反顾"地冲到最前面去。

来到现场，江某大吃一惊，在这个东京最冷的1月，没有维持秩序者、没有拥挤和争吵，甚至连临时"加塞"的情况都没有。江某看见日本人都如此守规矩，自觉排队，他愣了一会，也悄悄地排到了队伍的最后面。

Please stop

长期以来，国人过马路都"自成一派"。见到红灯，依然横冲直撞，或是单独一人，或是成群结队。如果一人带头，则会"前仆后继"！更有甚者，根本无视红绿灯、人行横道或过街天桥，在车水马龙之间穿梭自如，被网友戏称为"中国式过马路"！

而胡某长期在国外工作，已经养成了红灯停、绿灯行的习惯，即使在没有人监督，也没有执勤人员的情况下依然能自觉遵守交通规则。

前不久，胡某回国看望自己的孩子，在早高峰骑行至一个繁忙的十字路口处，被红灯逼停下来。由于着急给孩子送课本，胡某很不耐烦地四处打量着，心想这反正是在国内，周围的行人和非机动车都不顾红绿灯直接横穿马路，于是，他等了一会儿后决定加速冲过去。可当他刚到对面，就被不远处跑过来的执勤民警拦住了，对他进行了耐心的教育并开出了 50 元的罚单，周围的人群见状纷纷自觉地退了回去。

【合作探究园】

看完以上三个案例之后，班上同学受到启发，拟定了"科学

立法　严格执法"三步走计划：

 第一步：直接将其它国家制定
和执行较好的法律照搬过来

 第二步：加重处罚力度，
处罚越重，效果越好

 第三步：加大查处和执行力度，包括对
未履行职责的公职人员也要依法处理

你如何看待这"三步走"？请发表你的观点。

【法官评析场】

　　为什么同一个人在不同的地方会表现出截然不同的行为？以上三个案例从人们行为的差异中折射出法律制度在治理国家、社会以及规范人们行为方面的重要作用。

　　随地吐痰，插队以及闯红灯，这些行为都是老生常谈的话题，也是许多迈入文明国家、现代国家难以根治的社会顽疾。以往，国家往往从道德上对国民进行引导和惩治，但收效甚微。不少国家和地区正在或已经尝试用法治方式来治理，其中，新加坡和日本已经有比较成熟的经验。

　　案例一中，哈某本想随地吐痰，却因为顾忌在新加坡而没有实施。案例二中，江某在日本本想插队抢购电脑，但却看到现场井然有序的队伍而作罢。两者相同之处在于，新加坡和日本分别将随地吐痰、插队以法律形式进行了明令禁止，属于违法行为。甚至，在日本"公共场所插队者"属于"轻犯罪"，会被记录在案，留下案底。相较于无人问津和道德谴责，法律的强制性特征增加了实施者的违法成本，具有威慑效果，让妄想实施者望而生畏，从而自觉守法。

而"中国式过马路"已经成为一种习惯，为了制止这种行为，各地出台了许多政策，每一次出台都声称是"史上最严交规"，但"法不责众"的思想以及"难执行"等问题一直使得法律规定成为一纸空文，再严格的法律法规也必须要能够执行和落实才能发挥应有的作用。案例三中正是因为交警的严格执法，让胡某闯红灯的行为受到了相应的处罚，才使得周围有着相同想法的人主动停止。可见，要想哈某、江某以及胡某能够遵纪守法，国家既要科学立法，也要严格执法。作为公民，我们不应有"双重标准"，在洁身自好的同时，也要力所能及的去劝阻身边那些不文明、违规或违法行为，让法律真正落地、落实。

【法律知识库】

《道路交通安全法》

　　第八十九条　行人、乘车人、非机动车驾驶人违反道路交通安全法律、法规关于道路通行规定的，处警告或者五元以上五十元以下罚款；非机动车驾驶人拒绝接受罚款处罚的，可以扣留其非机动车。

第九十条　机动车驾驶人违反道路交通安全法律、法规关于道路通行规定的，处警告或者二十元以上二百元以下罚款。本法另有规定的，依照规定处罚。

日本《轻犯罪法》

第一条十三　在公共场所有明显粗暴言行，或者对火车、电车、公共汽车、船舶等公共交通工具进行威胁，扰乱其他活动或物资分配等，或在乘坐交通工具、购票、物资分配等公众场合插队的，扰乱排队秩序者。

第二条　对违反前条规定的犯罪者，根据情节轻重被处以免刑、拘留、罚款或拘留与罚款并处。

新加坡《环境公共健康法》

第17条（1）没有人应该

（g）在街道或者公共场所随地吐痰或排出任何黏液；

第21条

（c）如有任何其他罪行，罚款不得超过

（ⅰ）第一次定罪，1000新币；

（ⅱ）第二次定罪，2000新币；

（ⅲ）第三次或以上，5000新币。

【博士点睛台】

> 法律既要"立得好""行得通"，还要"能落实"。

【实践拓展营】

当地交通执法部门开通了"有序交通我参与"微信公众号，希望全市人民都能参与到交通执法过程中，请你以学校或住宅周边的主要十字路口为观察点，通过微信公众号向当地交通执法部门反映你所观察到的违法情况，或提出一些执法建议，以此来检验其执法效果或提高其执法能力，使交规真正落到实处，发挥其作用。

2.2 公正司法 全民守法
——谁是真正的凶手

【典案故事会】

"行者孙"伏法

某日上午，液压厂负责人发现员工康某无故迟迟未到，联系其家人后得知，康某昨天下班后就一直未归，家人觉得事有蹊跷，于是火速报了警。经过几天地毯式"搜查"，警方

最终在康某上下班必经的那片玉米地里找到了其裸露的尸体。

就在案件扑朔迷离之时，有群众反映，最近单位宿舍楼附近经常有一神秘男青年出现，他形迹可疑，鬼鬼祟祟，经常尾随上公厕的女性，该名男青年最大的特征就是骑着一辆蓝色山地自行车。得知此消息后，警方按图索骥，一个多月后，找到了"骑着蓝色山地自行车"的聂某。

"我就是强奸杀人犯！"聂某在被抓获5天后出现的"第一次询问记录"上就"直接认罪"。最终，死刑的判决结果让聂某的生命永远定格在了21岁。

"孙行者"现身

王某是一个非常神秘的人，因为没有人知道他从哪里来。他也很少与人交流，大家甚至都不知道他叫什么，只是习惯性的称呼他为"大王"。令人费解的是他非常怕警察，这让当地民警起了疑心。

警方调查发现王某是一位重案在身的逃犯。在调查审判过程中，王某最终道出了自己的真实身份，并承认自己杀过人，作案六起，其中一起与"聂某强奸杀人案"高度吻合。一时间，"一案两凶"引起了全国轰动，也让聂某父母稍微愈合的心灵疮疤再次被揭开。

得知此事后，聂某父母打算用法律武器来维护儿子的合法权益。然而，这样的维权之路并非一帆风顺。一方面，当地政法委成立了工作组，声称要重新调查，但迟迟未公布调查结果；另一方面，聂某父母聘请的律师在查阅卷宗时也处处碰壁。这样的僵局一直持续着……

迟到的真相

12 月 4 日，对于我国而言，是一个非同寻常的一天，因为它是"国家宪法日"。同样这一天，对于聂某父母而言，也是极不平凡的一天，因为在这一天，聂某父母听到了最高人民法院决定将"聂某案"异地复查的好消息。

这一次不同以往，被指令的异地法院迅速召开了听证会，并进行了全程图文直播。同时，聂某父母聘请的代理律师也第一次查阅到了相关卷宗。在听取某省法院的异地复查意见后，最高人民法院决定由第二巡回法庭再审。

经过背对背阅卷、实地考察、取证、走访，法院认为，聂某被抓获仅仅因为他疑似群众反映的男青年，同时，警方也无法合理解释关键证据缺失以及聂某关于关键事实前后供述矛盾的原因，这其中存在指供和诱供的可能性，于是法院以事实不清，证据不足为由最终认定聂某无罪。当听到这一判决结果，聂某父母再也抑制不住自己的情绪，泣不成声。

【合作探究园】

看完上述故事之后，班上同学针对"聂某案"再审与再审之前司法活动的差异进行了比较，请你也加入其中，看你能不能发现还有哪些不同之处？

再审前	再审中
仅凭"存疑"的口供定罪 自查自纠 ……	证据裁判（依据证据判定） 异地复查 ……

【法官评析场】

以上案例的发展反映了司法公正的重要性，必须要把"公正""平等""正当""正义"的精神贯穿于司法活动的整个过程，这样的司法活动才能让人信服，这样的司法判决才能起到伸张正义、惩恶扬善的作用。

在案件审查过程中，应该坚持"无罪推定"原则，即在没有明确、直接且环环相扣的证据链形成之前，不应判定某人有罪，更不能为了达到破案的结果而采取不正当和非法的手段，忽视案件审查的正义性。在案中，聂某被逮捕后5天才有第一次询问记录、聂某工作出勤表丢失以及聂某前后笔录矛盾等问题既不合规，也无法得到警方合理解释，但最终仅仅因为聂某和群众反馈的可疑男子骑着相同的"蓝色山地自行车"以及"聂某突然认罪"就判定聂某是真凶，这里明显缺乏有力、直接的证据，也并未形成完整证据链。因此，再审判决认为之前判决存在事实不清，证据不足的问题，这其实就是无罪推定、证据裁判、罪行法定的重要体现。

案中的另一个焦点问题是，既然"聂某案"已经存疑，但为什么迟迟不能再审，甚至连查阅卷宗都难以实现。这是因为以往我国的案件复查和再审存在主体和程序的单一性问题，容易导致"自查自纠"，也就是"自己证明自己错了"，为了避免这样的情况发生，就会进一步采取暗箱操作、恶意阻拦、拖延等方式，极大地损害了司法公正。为了破除这一弊端，十八届四中全会确立的司法体制改革目标之一就是要"司法去地方化、法院去行政化""探索与行政区划适当分离的司法管辖制度"。案中采取的异地法院复查制度、听证会制度以及最高人民法院巡回制度等，都是一种有效尝试。相信这只是我国司法改革的开始，这样的改革还将会继续，将会伴随着你我的参与阔步向前，让正义不再迟到，更不会缺席。

【法律知识库】

《宪法》

　　第三十三条　中华人民共和国公民在法律面前一律平等。国家尊重和保障人权。

　　第三十八条　中华人民共和国公民的人格尊严不受侵犯。禁止用任何方法对公民进行侮辱、诽谤和诬告陷害。

　　第四十一条　对于公民的申诉、控告或者检举，有关国家机关必须查清事实，负责处理。任何人不得压制和打击报复。

《刑法》

　　第二百三十二条　故意杀人的，处死刑、无期徒刑或者十年以上有期徒刑；情节较轻的，处三年以上十年以下有期徒刑。

　　第二百三十六条　以暴力、胁迫或者其他手段强奸妇女的，处三年以上十年以下有期徒刑。

《刑事诉讼法》

第十二条 未经人民法院判决，对任何人不得确定有罪。

第二百四十二条 当事人及其法定代理人、近亲属的申诉符合下列情形之一的，人民法院应当重新审判：

（一）有新的证据证明原判决、裁定认定的事实确有错误，可能影响定罪量刑的；

（二）据以定罪量刑的证据不确实、不充分、依法应当予以排除，或者证明案件事实的主要证据之间存在矛盾的；

（三）原判决、裁定适用法律确有错误的；

（四）违反法律规定的诉讼程序，可能影响公正审判的；

（五）审判人员在审理该案件的时候，有贪污受贿，徇私舞弊，枉法裁判行为的。

【博士点睛台】

努力让正义不再迟到，永不缺席。

【实践拓展营】

为维护司法公正，我国正在大力进行司法体制改革，制定和完善了一系列制度措施，以下措施你知道哪些？除此之外，你还有哪些补充？请你选择 1 个最感兴趣的进行了解，然后向全班同学介绍。

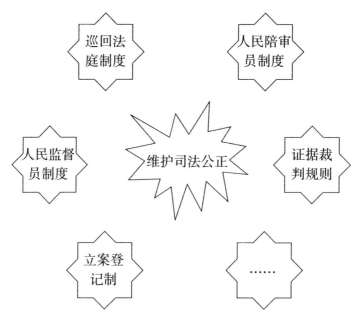

第三讲

尊重宪法　依宪治国

3.1　根本大法　治国安邦
——宪法的地位和作用

【典案故事会】

民权的"保护神"

　　殷梅（化名）是一名社区工作人员，社区居民亲切地称呼她为"殷大姐"，因为她总是能巧妙地化解社区居民之间的矛盾。一次，社区居民叶某的母亲敲开了殷梅办公室的大门，

见到殷梅就痛哭起来，"叶某在家中经常打骂我、儿媳和孩子，有时控制不住情绪，好几次都把儿媳打进了医院。"殷梅一听，觉得事态很严重，立马组织社区工作人员上门去找叶某交谈。殷梅拿出时刻揣在兜里的宪法文本，翻开之后放到叶某跟前，指着条文内容告诉叶某，"婚姻、家庭、母亲和儿童受国家的保护"，你这种行为是宪法明令禁止的。叶某意识到了问题的严重性，惭愧地低下了头并保证以后不再这样做了。

原来，殷梅的"秘密武器"就是《宪法》。通过《宪法》，殷梅有效地调解了"干涉婚姻自由""不赡养父母""不养育未成年子女"等问题，因为她坚信，宪法就是公民合法权利的"保护神"。

权力的"润滑剂"

小张是一名初二学生，每当一家人围坐在一起吃饭时，爷爷和爸爸都喜欢讨论时政热点，小张总是在一旁认真地听着，有时兴致一来，也会参与其中。

有一次，爷爷和爸爸在讨论国家机构领导人的产生时，小张心中有些不解，为什么每次国家主席提名的国务院总理、最高人民法院院长、最高人民检察院检察长等人选都要经过全国人民代表大会进行投票表决呢？就在今年的全国人民代表大会上，小张又看到了这一幕，于是迫不及待地去询问爸爸，这到底是谁规定的呢？小张爸爸若有所思地说："你要的答案都写在我国宪法中，你可以自己去找一找。"小张听后，立马冲进了书房，在电脑上逐一浏览着宪法文本，当他浏览到宪法第三条时，他兴奋地大喊道："原来这是宪法在组织我国国家机构，进而规范国家权力运行。"

宪法修正"破壳"

一天，某中学主干道上出现了几块醒目的新展板，展出的是宪法新、旧内容的对比图，吸引了全校众多师生纷纷驻足观看。

谢羽（化名）和王科（化名）是该校的同班同学，两人得知后相约课间一起去观看展板。站在展板前，两人却因为"宪法修订"这一话题争论了起来。谢羽认为，本次是我国1982年宪法的第五次修订，我国每一次宪法修订都要广泛征求民意，这一次同样也是人民意志的集中体现，只是已经有了修订宪法的成熟经验，为了节约时间，完全可以借鉴普通法律的修订程序。然而，王科并不认同，王科坚持认为应该按照严格的程序执行，这样才能维护宪法的权威，但可以减少民意征求的次数。此时，他们的班主任正好路过，走上前去，告诉谢羽和王科，你们的观点各有对错，你们必须牢记：宪法是我国的根本法。

【合作探究园】

看完以上案例，同学们在关于"宪法如何组织国家机构"的问题上展开了激烈的讨论。请你根据提示，完善下图，并在此基础上领会宪法的作用和地位。

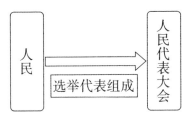

【法官评析场】

以上三个案例集中反映了宪法的地位和作用。依法治国的核心就是依宪治国，学习法律就必须首先认识宪法，了解宪法的地位和作用。

很多人总认为作为普通人，我们几乎不可能与宪法打交道。殊不知，其实宪法就在我们身边，时刻保护着

我们。案例一中，殷梅利用宪法调解社区居民之间的矛盾，就是在借助宪法规定了公民的基本权利和基本义务，保障公民合法权利的实现以及公民基本义务的履行。叶某的行为就是侵犯了其父母、妻子和孩子的生命权和健康权，属于违法行为，依法应该承担相应的责任。可见，宪法就是公民权利的保障书。

翻开我国宪法的目录，在第二章"公民的基本权利和义务"之后，紧跟着的第三章内容就是"国家机构"，这一章详细阐述了我国国家机构的组成、性质、产生、任期、工作方式等方面的内容。案例二中小张的"疑惑"，一方面反映了人民代表大会作为我国权力机关拥有任免权，依法选举、决定或罢免国家机关领导人员及其其他组成人员；另一方面也反映了人民代表大会的这

一职权也是宪法授予的，宪法通过组织国家机构并授予其特定职权，以此来规范和保证国家权力正常、有序地运行，起到了治国安邦的重要作用。

案例三中，谢羽和王科关于"宪法修订"的程序之争，犯了"就程序而谈程序"的问题，没能透过现象看到其本质，忽视了宪法的地位。宪法是根本法，这一地位决定了宪法的制定和修改程序相较于其他法律而言会更加严格，需要经过提案、起草、先决投票、决议以及公布五个步骤，其中，单是"提案"和"表决通过"的要求都远远高于普通法律。而"征求民意"几乎是贯穿于整个过程，习近平总书记提出的修改宪法原则之一就是"充分发扬民主、广泛凝聚共识"，只有这样才能确保宪法是人民意志的集中体现，才能体现和巩固宪法的地位。

宪法是国家的根本大法。我国宪法是民权的"保护神"，是国家组织与权力有序运行的保障。宪法的地位和作用决定了依法治国首先要坚持依宪治国，学法守法首先要学宪守宪。

【法律知识库】

《宪法》

第四十九条 婚姻、家庭、母亲和儿童受国家的保护。

夫妻双方有实行计划生育的义务。

父母有抚养教育未成年子女的义务，成年子女有赡养扶助父母的义务。

禁止破坏婚姻自由，禁止虐待老人、妇女和儿童。

《宪法》

第六十二条　全国人民代表大会行使下列职权：

（四）选举中华人民共和国主席、副主席；

（五）根据中华人民共和国主席的提名，决定国务院总理的人选；根据国务院总理的提名，决定国务院副总理、国务委员、各部部长、各委员会主任、审计长、秘书长的人选；

（六）选举中央军事委员会主席；根据中央军事委员会主席的提名，决定中央军事委员会其他组成人员的人选；

（七）选举国家监察委员会主任；

（八）选举最高人民法院院长；

（九）选举最高人民检察院检察长；

《宪法》

第六十四条　宪法的修改，由全国人民代表大会常务委员会或者五分之一以上的全国人民代表大会代表提议，并由全国人民代表大会以全体代表的三分之二以上的多数通过。

法律和其他议案由全国人民代表大会以全体代表的过半数通过。

【博士点睛台】

宪法具有最高的法律地位、法律效力和法律权威。

【实践拓展营】

2018 年 3 月 11 日，十三届全国人大一次会议表决通过了《中华人民共和国宪法修正案》，本次宪法修改共计 21 处，为了让全班同学能够更加清晰、直观地了解宪法修改内容，请你查阅相关资料，绘制一张宪法修改前后的对比图，我们将选出最为完整、清晰的设计，制作成展板，供全校师生观摩学习。

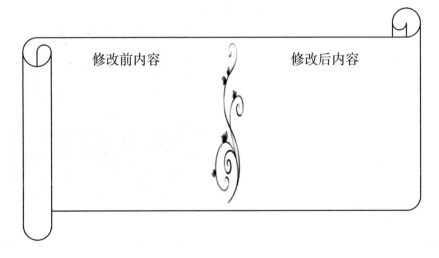

修改前内容　　　　　　　修改后内容

3.2　学习宪法　维护宪法

——"被废止的法规"

【典案故事会】

"我"的宪法日

　　李明（化名）是一名初二的学生，他从小喜欢讲故事，尤其喜欢将自己的亲身经历写成故事，其中最为同学津津乐道的就是他与宪法之间的故事。李明讲道："在平日里，爷爷就经常提到宪法，正是因为宪法  保障了公民的受教育权，才让爷爷有机会走出大山。"而李明第一次亲身接触宪法，是上小学三年级时。那时，他借助宪法条文向班主任"控诉"同桌侵犯了自己的"人格尊严权"并从而得到了同桌的道歉，从那以后，他便与宪法形影不离，并学会运用宪法去帮助他人。

　　就在12月4日"宪法日"当天，李明代表学校参加了"学习宪法，维护宪法"的演讲比赛，取得了优异的成绩。他在发表获奖感言时说道："正是因为从小学习宪法，我才懂得宪法的重要性，也正是这样，今天我才能够站在这里与大家分享我与宪法的故事。"一时间，"学宪法，讲宪法"成为一种热潮，这也引起了许多人的共鸣，特别是在中学生群体中得到了积极响应。而李明自己也坦言，这是我过的最有意义的一天。

紧握的誓言

"举起右手，庄严宣誓"，这个口令和动作对于马军（化名）来说再熟悉不过了，因为每周一学校升旗仪式上都会进行宣誓活动，这样的动作已经重复做过很多次了，同学们都已习以为常。

一次班会课上，学校组织了一次别样的宣誓仪式——宪法宣誓。起初，马军只是觉得很新奇，在活动之前，学校播放了相关视频并向全校师生介绍了宣誓流程和注意事项。当马军听从指令，又一次举起右手，大声朗读誓词时，铿锵有力的誓词在教室里久久回荡，马军突然间控制不住自己的情绪，一种威严和使命感油然而生，而这种感觉在以往的宣誓仪式上从未有过。马军明白，自己举起的不单单是右手，更是一份责任。他在心里默默许下诺言，自己一定要遵守宪法，做一个学法、知法、守法的新时代中学生。

审判"死神法规"

一天晚上，就职于一服装公司的孙某趁着闲暇之余想去上网打发时间，可行走匆忙，忘记将身份证等有效证件随身携带。就

在前往途中，他突然遇到检查身份信息的
当地民警。民警认为，孙某无法拿出证明
"合法"身份的相关证件，按照本地收容
遣送的相关规定，将孙某予以收容。可就
在收容的第三天，孙某家属就被告知孙某

已经死亡。经法医鉴定，孙某死于大面积软组织损伤致创伤性休
克而死。后经证实，孙某在收容过程中被8名收容人员及其代理
人多次殴打，而这一行为却得到了护工的默许。

　　针对引发这一事件的"收容遣送管理规定"，有法学专家向
全国人大常委会提出了审查建议，认为该规定限制了公民人身自
由，与宪法相关规定相抵触，应予以撤销。不久之后新的救助管理
办法取代了旧的收容遣送办法，宪法的地位和权威得以维护。

【合作探究园】

　　针对以上案例，同学们各抒己见：

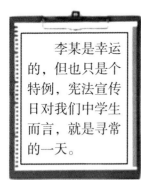
李某是幸运
的，但也只是个
特例，宪法宣传
日对我们中学生
而言，就是寻常
的一天。

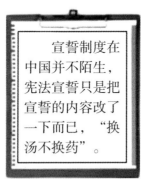
宣誓制度在
中国并不陌生，
宪法宣誓只是把
宣誓的内容改了
一下而已，"换
汤不换药"。

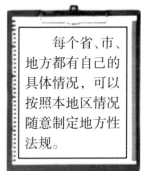
每个省、市、
地方都有自己的
具体情况，可以
按照本地区情况
随意制定地方性
法规。

　　这些观点在同学间引起了广泛讨论，你如何看待呢？请发表
你的见解。

【法官评析场】

以上三个案例共同反映了依宪治国的路径，只有做到学宪、守宪、护宪，依宪治国才能实现。

为了促进全民学宪、守宪，我国先后设立了国家宪法日和宪法宣誓制度。其中，国家宪法日的设立，就是想通过各种形式进行宪法宣传。案例一中，李明在宪法日当天在人民大会堂讲述自己与宪法的故事就是一次很好的宪法宣传，也就是在弘扬宪法精神，普及宪法知识，这与宪法日设立初衷相符。其实，李明与宪法的故事也是我们的故事，有着相似的情节，只要你善于学习与发现，这段故事将会延续，也将会记录下你的每一天。

与之相较，宪法宣誓制度的普及和推广更快。原本宪法宣誓制度只针对特定对象，即国家工作人员，就是要让他们时刻牢记宪法原则，增强宪法意识，依照宪法和法律规定行使权力。可为了促使人们恪守宪法原则，许多学校也都开展了形式多样的宪法教育活动，而宪法宣誓就是其中之一。案例二中，马军所在学校利用班会课组织的这次宪法宣誓活动，通过铿锵有力的誓词，规范的宣誓程序和严格的要求，既让学生亲身体验了宪法宣誓与其他宣誓活动的不同；同时还让学生在此氛围中形成了对宪法的敬畏之心；更让学生通过宣誓活动树立了责任意识和使命感，成为一名小小守宪人。

在我国，有的国家机关及其工作人员为了本地区、本部门或自身管理和治理的需要制定了一些法律法规并做出一些不良行为，而这些法律法规或行为可能与宪法原则和精神相抵触，此时就需要宪法监督制度来审查和监督相关法律、法规或行为的合宪性问题。案例三中，导致孙某被遣送的收容遣送办法就与宪法中"人身自由不受侵犯"的原则相抵触，按照《立法法》的相关规定，应该予以改变或撤销，因此，随后被新的救助管理办法取而代之。同时，孙某在护工默许的情况下被殴打致死，除了行凶者应该受到相应的法律制裁外，相关国家机关工作人员也存在违法行为，可见，权力需要接受监督，我们需要进一步完善宪法监督制度，规范国家权力行使和运行，维护宪法权威。

【法律知识库】

《宪法》

第三十七条 中华人民共和国公民的人身自由不受侵犯。任何公民，非经人民检察院批准或者决定或者人民法院决定，并由公安机关执行，不受逮捕。禁止非法拘禁和以其他方法非法剥夺或者限制公民的人身自由，禁止非法搜查公民的身体。

第三十八条 中华人民共和国公民的人格尊严不受侵犯。禁止用任何方法对公民进行侮辱、诽谤和诬告陷害。

第四十六条 中华人民共和国公民有受教育的权利和义务。

《立法法》

第九十六条 法律、行政法规、地方性法规、自治条例和单行条例、规章有下列情形之一的，由有关机关依照本法第九十七条规定的权限予以改变或者撤销：

（一）超越权限的；

（二）下位法违反上位法规定的。

《全国人民代表大会常务委员会关于设立国家宪法日的决定》

将12月4日设立为国家宪法日。国家通过多种形式开展宪法宣传教育活动。

《全国人民代表大会常务委员会关于实行宪法宣誓制度的决定》

一、各级人民代表大会及县级以上各级人民代表大会常务委员会选举或者决定任命的国家工作人员，以及各级人民政府、监察委员会、人民法院、人民检察院任命的国家工作人员，在就职时应当公开进行宪法宣誓。

【博士点睛台】

宪法是我国的根本法，需要我们每一个人的维护和尊崇。

【实践拓展营】

作为中学生，我们应该在日常生活的点滴小事中去遵守和维护宪法，比如：

 超市保安怀疑我偷了东西，想要强行搜身，我坚决反对！

 初中生小张想辍学，我劝他，受教育是公民的一项义务！

除此之外，你在日常生活中还做过或看到过哪些遵守和维护宪法的行为？请整理出来与大家一起分享。

第二编 权利篇

第四讲

敬畏生命　茁壮成长

4.1　生命至上　人格平等

——这儿也是你的家（生存权等）

【典案故事会】

遗弃之殇

　　这天，在北方某市的婴儿
安全岛门口聚集了不少人，一
对夫妻抱着8个月大的儿子准备
将他遗弃在这里。据说这对夫

妻从南方赶来，家里已经有两个孩子，老大是男孩，老二是女孩，
三个孩子的共同问题都是"看不见"。孩子的母亲哭着说，"因为
家里已经有两个这样的孩子，养不起老三了，我们不得不这样做
……"孩子的父亲则焦虑地踱着步子。

　　在婴儿安全岛的门口，一些工作人员耐心地劝阻他们，希望

他们能够再考虑考虑。母亲犹豫再三，还是把儿子放到婴儿床上，又拿出在中山大学眼科医院的病例复印件，含着眼泪说："孩子叫李好（化名），这是他的病历…我们也很辛苦，你不要怨爸爸妈妈，一定要好好成长！"说完这些，俩人匆匆离开。

虐待之痛

6岁小男孩鹏鹏（化名）的遭遇一经报道便牵动着全国各地爱心人士的心。原本活泼可爱的鹏鹏被继母孙某送到医院急救中心时，心脏已经停止跳动，75%的颅骨粉碎，两根

肋骨骨折，双目视网膜和上门牙均脱落，多处皮肤溃烂。医生在做进一步检查时，发现孩子浑身伤痕累累，多处已经化脓感染，并伴有严重贫血、营养不良。医院遂报警。

警方随即介入调查，发现鹏鹏身上的伤是由鹏鹏继母孙某所为。鹏鹏的生父赵某不仅对孙某的暴行睁一只眼闭一只眼，而且他有时也打骂孩子。事发后，赵某还多次警告邻居不要干涉鹏鹏被打一事，导致鹏鹏没能及时得到解救。不幸中的万幸是，在家人及来自全国各地的爱心妈妈的陪护下，鹏鹏的病情开始有所好转。

留守之困

2015 年 6 月 9 日晚，西部某省一乡镇的四名留守儿童被发现在家中死亡。经调查，四名儿童是同一个家庭的四兄妹，老大 13 岁，最小的妹妹才五

岁。据警方披露，自杀前，13 岁的哥哥留下遗书称："我该走了。我曾经发誓活不过 15 岁，死亡是我多年的梦想，今天清零了！"为什么一个年仅 13 岁的孩子会对生活如此绝望、对生命如此冷淡？

据村民描述，孩子的母亲离家出走后，父亲常年在外打工，离家前也没有请人帮忙照顾孩子，只是给孩子办了一张银行卡。父亲外出打工一年后寄来七百元生活费，平时与几个孩子几乎没什么联系。孩子们不仅生活要全部自理，还要承担全部的家务劳动如养猪等，他们长期辍学在家，几乎与世隔绝。

【合作探究园】

看完三个故事，同学们在纷纷发表着自己的看法，请你辨析与澄清。

> 青青：生命值得尊重，遗弃生命是违法的，不管出于什么原因，这些父母都该判死刑！

> 彦彦：俗话说"清官难断家务事"，亲生父母打骂自家孩子，外人不好插手吧……

> 小容：面对这么沉重、这么残酷的事实，我们难道不应该做点什么？

小组讨论：你赞同谁、反对谁，为什么？

【法官评析场】

以上三个案件涉及公民生存权的
问题。生存权包括三个内容，即生命
权、健康权以及基本生活条件保障权
等。当前，我国未成年人是生存权受
到冲击的主要群体，主要是被遗弃残
疾儿童、被虐待儿童以及留守儿童和
流浪儿童。

案例一中，父母遗弃孩子的举动不仅是一种不负责任的行为，
更是违法行为，情节严重的还构成犯罪。我国《宪法》《民法通
则》《婚姻法》等一系列法律，都规定了父母对未成年子女的抚
养义务和监护职责，这种义务和责任是法定的，是父母必须履行
的。在现实生活中，很多父母出于无奈，迫于沉重的经济压力而
不得不将身患疾病的孩子遗弃，虽然值得同情，但其行为同样是
违法的。如果这些弃婴得不到后续照顾，其结局只能是死亡。
2013 年，民政部下发通知，全面推广婴儿安全岛试点工作，以防
止弃婴在野外受到不良环境侵害，使弃婴能得到及时救助。但是，
这并不表明弃婴行为的合法化。因此，要从根本上解决弃婴问题，
需要家庭更好地贯彻优生优育政策，社会关注打击恶意弃婴行为，
政府全面落实医疗保障救助等。

案例二中，继母孙某长时间、经常性对鹏鹏实施暴力，属于恶
性侵害儿童权利的事件，确已构成虐待罪。所谓虐童，根据世界卫

生组织定义，是指"对儿童有义务抚养、监管及其有操纵权的人，做出足以对儿童的健康、生存、生长发育及尊严造成实际或潜在的伤害行为，包括各种形式的躯体虐待、情感虐待、性虐待、忽视及对其进行经济性剥削。"本案中孙某的行为危害性极大，经司法机构鉴定，鹏鹏的伤情被认定为重伤，可以按故意伤害罪来认定处罚。同时，我们还应对受害儿童进行心理上的疏导，避免使其身心受到更深远的伤害。

案例三中，父母作为四个孩子的法定监护人，负有严重的监护失职责任。我国《未成年人保护法》明确规定，父母因外出务工或者其他原因不能履行对未成年人监护职责的，应当委托有监护能力的其他成年人代为监护。事件中的父亲常年外出，对留守儿童存在故意忽视，属于对儿童生存权的不作为；事件中的母亲，离家出走多年，对四个儿女不管不顾，有遗弃之嫌；同时，当地有关部门未尽到保护未成年人之责，三方均应受到法律处罚。我们呼吁有关部门尽快完善相关法律制度，建立保护儿童权益的完整体系，使孩子在健康的环境中苗壮的成长。

生存权是公民参加一切社会活动、享有其他一切权利的基础。我们要珍爱自己的生命，善于运用法律的武器维护自己的人身权利。相应地，我们也有义务不去侵犯别人的生命健康和人身自由。例如，不打架斗殴，不限制他人的活动自由，不做有损他人生命健康的事。

【法律知识库】

《宪法》

　　第三十三条　国家尊重和保障人权。任何公民享有宪法和法律规定的权利，同时必须履行宪法和法律规定的义务。

　　第四十九条　婚姻、家庭、母亲和儿童受国家的保护。

《婚姻法》

　　第三条　禁止家庭成员间的虐待和遗弃。

《刑法》

　　第二百六十一条　【遗弃罪】对于年老、年幼、患病或者其他没有独立生活能力的人，负有扶养义务而拒绝扶养，情节恶劣的，处五年以下有期徒刑、拘役或者管制。

　　第二百六十条　【虐待罪】虐待家庭成员，情节恶劣的，处二年以下有期徒刑、拘役或者管制。犯前款罪，致使被害人重伤、死亡的，处二年以上七年以下有期徒刑。第一款罪，告诉的才处理，但被害人没有能力告诉，或者因受到强制、威吓无法告诉的除外。

《未成年人保护法》

第三条 未成年人享有生存权、发展权、受保护权、参与权等权利，国家根据未成年人身心发展特点给予特殊、优先保护，保障未成年人的合法权益不受侵犯。

第十条 父母或者其他监护人应当创造良好、和睦的家庭环境，依法履行对未成年人的监护职责和抚养义务。禁止对未成年人实施家庭暴力，禁止虐待、遗弃未成年人，禁止溺婴和其他残害婴儿的行为，不得歧视女性未成年人或者有残疾的未成年人。

第十六条 父母因外出务工或者其他原因不能履行对未成年人监护职责的，应当委托有监护能力的其他成年人代为监护。

【博士点睛台】

生存权是我们最首要的权利。

【实践拓展营】

通过学习，我们知道了生存权受国家法律保护，也看到了社会中依然存在的侵权现象。课后请以"维护我们的生存权"为主题，小组为单位，从以下两个活动中任选其一完成：1. 搜集典型案例，改编成情景剧，并在课堂进行表演和交流。2. 收集近年来

53

反映该主题的影片，并剪辑相关内容在课堂与同学分享。

4.2　义务教育　全面发展
——不可剥夺的权利（发展权等）

【典案故事会】

为啥学校劝退我？

　　林先生怎么也没想到，因交通意外而休学半年的儿子林松（化名），今年9月去学校报到时，竟被学校拒之门外。直到现在，林松还只能靠请家教到家里上课勉强维持学业。

　　林松今年14岁，出车祸之前在市一中初二年级上学。今年3月，林松在放学途中被一辆小车撞倒，伤情十分严重，身体多处骨折，眼睛也受到重创，需休学住院治疗。经过近半年的疗养，林松基本痊愈出院了，林先生害怕耽误孩子学业，就领着儿子去找班主任要求返校上课。班主任却告诉林先生学校拒绝接收，理由是孩子出事时没有办理休学证，误课太多，建议其转学。林先生表示孩子可以降级，但是孩子已经熟悉了这所学校，转学的话会对孩子的学习不利。心急如焚的林爸爸多次去找校长，要求补办休学手续让孩子继续上学，但校长总是避而不见。孩子还能到哪里上学呢，林先生一家陷入了巨大的迷茫……

为啥篡改我志愿？

今年夏天，一名初三毕业
生发的帖子火了，网友对她的
遭遇深表同情。我们暂且称呼
她小欣。她在帖子里写道，自
己家在南方的一个小县城，中

考成绩高出联招线60多分，可以报考一所心仪已久的省城重点中
学。小欣高高兴兴地填完志愿，就和几个同学出去旅行了。

旅行回来，录取通知书也刚好寄到，小欣迫不及待地打开却
发现是一所自己没有填报的学校，令她感到既难过又惊愕，怎么
会这样呢？此时，父母才告诉她事情的真相。原来父母修改了她
的第一志愿，将那所省城重点中学换成了父亲曾就读的一所本地
学校，这样一来，小欣就不用到很远的地方吃苦，也便于父母更
好地照顾她的学习和生活。小欣表示自己完全不知所措，她试了
很多办法都没法改回志愿。

为啥要我一直补课？

这几天一名8岁男童因学
习压力过大意外猝死的新闻在
网上传开，引起了不小的轰动。
据医院工作人员透露，当天凌
晨两点多，这个孩子因重症昏

迷被家人送到急诊室。在抢救过程中他曾清醒过来几分钟，说了一句"我太累了，想睡觉……"就又陷入了昏迷，再没有醒过来。

噩耗传出来，孩子的妈妈号啕大哭，无法接受孩子离世的事实……医生表示，孩子已经没有求生的意志，他活得太累了，这是典型的过度劳累造成的猝死。大家怎么也没想到"过劳死"竟发生在这么小的孩子身上。后来经了解，要强的妈妈不甘心一辈子过得平淡，就希望孩子能努力实现自己曾经的梦想，省吃俭用给孩子报了很多补习班。从幼儿园起，孩子周末就没休息过一天，被妈妈拖着去各种补习班。

【合作探究园】

看完三个故事，同学们展开了激烈的讨论，尤其是关于中学生发展的问题，大家碰撞出了很精彩的思维火花。现在，请同学们以《中学生发展》为题，准备一场漂亮的辩论赛：

正方：中学生全面发展更重要　　反方：中学生专长发展更重要

【法官评析场】

以上三个案例涉及儿童发展权的问题。发展权是指，儿童拥有充分发展其全部体能和智能，保障其健康成长的各种权利。主要包括平等接受教育的权利、娱乐和休息的权利、参与文化和社会活动的权利、个性发展的权利等。发展权不是指获得某个单方面的发展的权利，更重要的是全面的发展、终身的发展。

案例一中，学校以误课太多为由拒收休学学生的复课请求，侵犯了学生的受教育权。接受良好的教育，是人们实现发展的第一需要和终身受益的财富，甚至决定一生的命运。我国公民享有平等接受教育的权利，《宪法》《教育法》《义务教育法》等法律对此都有明确的规定。本案中，林松正处在接受九年义务教育的学龄阶段，国家、社会、学校和家庭理应尽可能地保障其接受完整的九年义务教育，为孩子今后的发展打下坚实的基础。因此，学校应尽快让林松返校上课。同学们，当我们的受教育权受到侵犯时，应寻求有效的途径解决，如：可向学校所在的上级行政主管部门提出申诉，无效则可向人民法院提起诉讼。

案例二中，小欣父母篡改女儿中考志愿的行为是违法的，侵犯了女儿的受教育权，同时还可能间接侵害女儿的经济和文化权利，影响其终身发展。受教育权是宪法赋予公民的基本权利，法律不仅保障公民接受教育的机会，也保护公民自主选择教育机构的权利。本案中，父母篡改女儿中考志愿，剥夺了女儿自主选择接受教育机构的权利。结合我国的教育、升学和就业的现状，父母篡改志愿的行为极有可能影响孩子未来的学习升造、职业选择、劳动报酬等。《侵权责任法》第六条规定，行为人因过错侵害他人民事权益，应当承担侵权责任。小欣可以要求父母为此事担责。

案例三中，家长要求儿子全力投入学习中，参加各种课程培训和补习班，孩子休息、娱乐的权利被剥夺，个性被严重压抑。在中国，许多家长把孩子的休闲娱乐与成长、成才对立起来，认为"玩"会耽误孩子的发展。休闲和娱乐是儿童的天性，是帮助儿童恢复正常身心机能的重要手段。如果孩子得不到充分的休息，怎么会有精力继续下一阶段的学习和生活？对于成年人，国家有专门的《劳动法》保障其休息权，但孩子的休息权却被严重忽视了。为此，教育部专门印发了《义务教育学校管理标准》，全面系统地梳理了我国义务教育学校管理的基本要求，明确规定"家校配合保证每天小学生 10 小时、初中生 9 小时睡眠时间。"

同学们，法律赋予了我们获得全面发展的神圣权利。我们有接受义务教育的权利；有升学深造的选择权和休闲娱乐的权利；有权使用教育设施、设备、图书资料……我们应珍惜这些权利，努力提升自我，早日成为栋梁之才！

【法律知识库】

《宪法》

第四十六条 中华人民共和国公民有受教育的权利和义务。

国家培养青年、少年、儿童在品德、智力、体质等方面全面发展。

《义务教育法》

第四条　凡具有中华人民共和国国籍的适龄儿童、少年，不分性别、民族、种族、家庭财产状况、宗教信仰等，依法享有平等接受义务教育的权利，并履行接受义务教育的义务。

《教育法》

第四十三条　受教育者享有下列权利：

（一）参加教育教学计划安排的各种活动，使用教育教学设施、设备、图书资料；

（二）按照国家有关规定获得奖学金、贷学金、助学金；

（三）在学业成绩和品行上获得公正评价，完成规定的学业后获得相应的学业证书、学位证书；

（四）对学校给予的处分不服向有关部门提出申诉，对学校、教师侵犯其人身权、财产权等合法权益，提出申诉或者依法提起诉讼；

（五）法律、法规规定的其他权利。

《未成年人保护法》

第十七条　学校应当全面贯彻国家的教育方针，实施素质教育，提高教育质量，注重培养未成年学生独立思考能力、创新能力和实践能力，促进未成年学生全面发展。

第十八条　学校应当尊重未成年学生受教育的权利，关心、爱护学生，对品行有缺点、学习有困难的学生，应当耐心教育、帮助，不得歧视，不得违反法律和国家规定开除未成年学生。

第二十条　学校应当与未成年学生的父母或者其他监护人互相配合，保证未成年学生的睡眠、娱乐和体育锻炼时间，不得加重其学习负担。

第二十九条　各级人民政府应当建立和改善适合未成年人文化生活需要的活动场所和设施，鼓励社会力量兴办适合未成年人的活动场所，并加强管理。

【博士点睛台】

接受义务教育是每个适龄儿童、少年的合法权利。

【实践拓展营】

走出课堂，走向社会，走进生活，是青少年健康成长的必然选择和重要途径。请你从以下活动中选择一项去尝试，坚持一年时间，并依照下表做好记录。让我们共同期待和见证彼此的改变！

☑ 每个月参加一项公益活动；

☑ 每月读一本名著；

☑ 培养一项运动技能；

☑ 利用假期，走进 5 个以上博物馆；

所选项目	
完成情况	
主要收获	

第五讲

主动参与　特殊保护

5.1　积极参与　主动担当
——我参与我快乐我成长（参与权）

【典案故事会】

家事发言人

　　15岁的小新是一个品学兼优的初三学生，毕业时被保送上市里最好的高中，可她却怎么也高兴不起来。这究竟是怎么回事呢？

　　小新原本有一个幸福的家庭，在成长的过程中，小到穿什么衣服、玩什么玩具，大到什么时候做作业、可以和什么样的同学交朋友、上什么辅导班，父母都很尊重自己的意见，一家三口其乐融融。可近一年来，这一切

却变了味儿。父母经常吵架，这令小新很苦恼，她试图调节父母僵化的关系，但无济于事。今年春节，夫妻俩又因为各种家庭琐事而争吵不断，产生了离婚的念头。考虑到小新正在备战中考，为了不影响女儿的前途，他们决定悄悄协议离婚，没有征求小新的意见，法院判决小新由父亲抚养。他们离婚时还约定，母亲每周见小新一次，并按月给女儿600元抚养费。保送名单下来之后，父母离婚的事情也真相大白，小新很伤心。更令人无法接受的是，父亲因为赌气，想方设法阻止母亲与自己见面，无奈之下母亲向人民法院提起诉讼，请求变更女儿的抚养权。小新该怎么办呢？

班级小主人

小靖是七年级（5）班的班长，两周前给校长写了一封信。在信中，他结合自己所在班级存在的问题，提出改进学校工作的建议。为了保持校园整洁，他建议建立轮流值日制度，谁污染谁打扫；为了让家长及时了解同学们的学校生活，他建议建立家长交流群……

他的做法得到校长的表扬，却遭到一些同学的讥讽。有人认为他这是"爱出风头"，有人说他是"拍马屁"，甚至有人指责他是"出卖班集体的汉奸"，连自己的好朋友都在背后议论纷纷，小靖感觉自己被孤立，内心十分委屈。后来，这件事情引起了班主任周老师的注意，周老师安慰了小靖，也叫来了几个主要的"挑事者"，调查了事情的原委。原来，他们认为"管理学校是校长和老师的事儿，小靖一个学生瞎掺和是争表现"。

学生提案上两会

2018 年的全国两会，一群青少年学生的提案备受关注。据悉，共有 5 份来自中学生的提案亮相全国两会。这 5 份提案基本都是围绕社会热点问题而提出的，如城市拥堵问题、杭州保姆纵火案、网络直播低俗问题、某幼儿园虐童案、未成年人保护问题等，无一不是涉及老百姓切身利益，全社会普遍反映强烈，亟待解决的问题。

据了解，这些孩子平时在学习之余，都非常关注社会问题，并勇于表达自己的想法和提出建议。谈到这段经历时，烟台一中的李芊慧同学表示终生难忘，她说："我们真正学到的，不是怎么撰写提案，也不是怎么制作PPT。其实与其说是一场比赛，不如说这是一节社会课堂。如何交流和沟通，怎么表达出自己的意见，让别人能够接受。"

【合作探究园】

读完以上三个故事，请同学们联系实际生活，和小组其他同学交流、分享以下三个问题：

1. 小新爸爸妈妈有哪些做法不对？他们的行为违反了哪些法律规定？

2. 请你分享一件你为班级或学校做过的令你感到自豪的事儿吧！谈谈过程中你的付出和感受。

3. 设想一下，故事三中的同学们在调研和撰写提案的过程中可能会遇到些什么困难？你认为值得吗？

【法官评析场】

　　以上三个案件涉及公民参与权的问题。参与权是指未成年人参与家庭、文化和社会生活，并就影响他们生活的事项发表意见的权利。儿童的参与权包括尊重儿童意见及表达自由等内容。

　　案例一中，父母认为离婚是大人的事情，没必要理会孩子的想法，侵犯了小新的参与权。实际上，受离婚影响很大的是孩子。有一定判断力的未成年人，有权对影响到其本人的一切事项自由发表意见。成人对于未成年人的意见，应当按照孩子的年龄和成熟度给予适当的看待，否则就可能侵犯儿童相应的合法权益。本案中，已经上初三的小新有能力表达自己的看法，尤其是事关抚养权的问题，应该得到父母的尊重。我国《婚姻法》明确规定："人民法院审理离婚案件，涉及未成年子女抚养问题的，应当听取有表达意愿能力的未成年子女的意见，根据保障子女权益的原则和双方具体情况依法处理。"

案例二中，小靖同学肯动脑筋，有较强的责任意识和良好的参与精神，作为学生干部，真正带动了周围的同学从被动管理走向主动参与。然而，部分同学讥讽小靖是"马屁精""出卖班级的汉奸"，既侵犯了小靖的人格尊严权，也凸显出这些同学缺乏权利意识，不懂得积极行使和维护自身的合法权利。好在周老师对此进行了及时的引导，让同学们对课堂教学、学校管理都有了更多的参与意识。

案例三中，我们看到近年来，越来越多的中学生在学习之余，开始不同程度地参与某些社会活动或事务。虽然，与在家庭和学校中的参与相比，未成年人在社会中参与的比重要小得多，所能参与的范围也很有限，但这毕竟表明了他们的参与意识在增强。"学生提案上两会"正是学生积极行使宪法赋予公民的批评建议权，参与国家政治生活的表现。青少年在调研、撰写提案的过程中得到锻炼和成长，为他们打开了一个了解社会和政治制度的窗口。通过参与这些社会活动和事务，他们积极表达自己的心声、提出建议，既能促进儿童公民意识的发展，又能使国家制定出更合理的政策和制度，提高社会民主程度和参与度。

同学们，积极参与社会、家庭、学校和个人生活，主动表达自己的"心声"，既有利于个人发展，也有利于社会进步。我参与，我快乐！我参与，我成长！今天你参与了吗？

【法律知识库】

《宪法》

　　第三十三条　凡具有中华人民共和国国籍的人都是中华人民共和国公民。

　　中华人民共和国公民在法律面前一律平等。国家尊重和保障人权。

　　第三十八条　中华人民共和国公民的人格尊严不受侵犯。禁止用任何方法对公民进行侮辱、诽谤和诬告陷害。

　　第四十一条　中华人民共和国公民对于任何国家机关和国家工作人员，有提出批评和建议的权利；对于任何国家机关和国家工作人员的违法失职行为，有向有关国家机关提出申诉、控告或者检举的权利，但是不得捏造或者歪曲事实进行诬告陷害。

《未成年人保护法》

　　第六条　对侵犯未成年人合法权益的行为，任何组织和个人都有权予以劝阻、制止或者向有关部门提出检举或者控告。

　　国家、社会、学校和家庭应当教育和帮助未成年人维护自己的合法权益，增强自我保护的意识和能力，增强社会责任感。

　　第十四条　父母或者其他监护人应当根据未成年人的年龄和智力发展状况，在作出与未成年人权益有关的决定时告知其本人，并听取他们的意见。

《婚姻法》

　　第三十六条　父母与子女间的关系，不因父母离婚而消除。离婚后，子女无论由父或母直接抚养，仍是父母双方的子女。离婚后，父母对于子女仍有抚养和教育的权利和义务。离婚后，哺乳期内的子女，以随哺乳的母亲抚养为原则。哺乳期后的子女，如双方因抚养问题发生争执不能达成协议时，由人民法院根据子女的权益和双方的具体情况判决。

《最高人民法院关于人民法院审理离婚案件处理子女抚养问题的若干具体意见》

　　父母双方对十周岁以上的未成年子女随父或随母生活发生争执的，应考虑该子女的意见。

【博士点睛台】

尊重儿童的参与权不是无原则地赋权，更不是放任自流。

【实践拓展营】

尝试撰写提案

　　活动目的：通过实地调查、搜集资料、整理撰稿，让同学们了解写提案的程序，增强在社会生活中的参与意识和参与能力，培养关心社会发展的良好情感。

活动步骤：

5.2 特殊保护 抵制不良
——同撑一把伞，共享一片天（受保护权）

【典案故事会】

犯罪的深渊

一个盛夏的凌晨，某市一家非法经营的网吧燃起熊熊大火，致使 25 人在大火中丧生，多人受伤，公私财产遭受了重大损失。公安机关调查发现，4 名纵火者均为某市在读中学生，因与网吧服务员发生纠纷而纵火烧毁网吧。归案后，4 人对犯罪事实供认不讳，刘某某提议放火，并出资购买汽油，起指挥、策划、决定作用；王某某积极参与预谋，负责购买汽油并直接实施放火，起主要作用；张某某（女）参与预谋放火犯罪，在放火犯罪中起一定作用；另外，宋某也参与实施放火，当时还不满 14 周岁。宋某对自己的犯罪行为感到后悔不已，在审理过程中，他向法官袒露了自己成长路上的一些经历。

成长的坎坷

宋某不到 3 岁时，父母离异。法院将宋某判归父亲抚养，但父亲常常对他不管不问，一喝醉酒就打他。母亲组建了新的家庭，生了个弟弟，也很少来探望他。
在他小学毕业那年，父亲因为
赌博、吸毒被关了起来，他只
好与年迈的爷爷相依为命。

爷爷居住的小区有很多网
吧，宋某渐渐迷上了网络游戏。
进入初中后，宋某每天和一帮
"哥们儿"混在一起打牌、玩游戏，迟到和旷课成了家常便饭。
有一次，宋某在网吧偷了几十块钱，派出所到学校带走了宋某，
之后老师就对宋某很冷淡，同学也疏远他，他就更不愿上学了。
爷爷产生了怀疑，去学校找老师，才知道宋某已经很久没上学了。
爷爷气急，质问老师："校长、老师都干什么？缺一个学生难道
不知道？孩子不上学也不问问原因，也不及时告诉家长！"老师
也很生气："这么多孩子我管得过来吗？孩子上没上学家长自己
不知道？"

最终的审判

某市第一中级人民法院审
理了此案，与平常的审理程序
不同，这起案件的审理程序是
不公开的。法院认定，刘某某、
宋某某、张某某等 3 名被告人
为图谋报复，使用放火手段危

害公共安全，致使 25 人死亡，多人受伤，并使公私财产遭受重大

损失，其行为均已构成放火罪。鉴于3人在犯罪时均未成年，因此，依法对他们从轻处罚。根据《中华人民共和国刑法》的有关规定，判决被告人刘某某犯放火罪，判处无期徒刑，剥夺政治权利终身；被告人宋某某犯放火罪，判处无期徒刑，剥夺政治权利终身；被告人张某某犯放火罪，判处有期徒刑十二年。另一被告宋某，因犯案时不满14周岁，本着"教育为主、惩罚为辅"的原则，未追究刑事责任，被收容所收容教养了。

【合作探究园】

查阅《未成年人保护法》，了解该法对未成年人保护做出的规定，以小组为单位，设计一套知识竞赛题，然后小组间交换题目进行比赛。

> **活动主题：**
>
>   未成年人保护知多少？
>
> **活动目的：**
>
>   初步了解家庭保护、学校保护、社会保护和司法保护的内容。
>
> **活动步骤：**
>
>   1. 同组同学讨论交流，选择竞赛题目，制作PPT。
>
>   2. 组与组之间交换题目进行比赛。
>
>   3. 得分高者获胜，分享心得体会。

【法官评析场】

以上案件涉及未成年人受保护权的问题。在我国，未成年人是指未满十八周岁的公民。我国宪法、婚姻法、义务教育法等法律，

都对保护未成年人作了特别规定；我
国还颁布了未成年人保护法、预防未
成年人犯罪法等专门法律，为未成年
人的特殊保护设置了"四道防线"。

第一道防线是"家庭保护"。家
庭保护是指父母或者其他监护人对未
成年人进行的保护，包括生活上的关心照顾和思想上的教育培养。
本案中，宋某父母离异后，母亲常常不来探望孩子，父亲沾染了
赌博、吸毒等恶习，没有给孩子一个健康温暖的成长环境，双方
都没有尽到家庭保护的职责。家庭保护是未成年人保护的第一个
阵地，是未成年人保护的基础。父母或者其他监护人应当关注未
成年人的生理、心理状况和行为习惯，以健康的思想、良好的品
行和适当的方法教育和影响未成年人。

第二道防线是"学校保护"。学校保护是指学校、幼儿园和
其他教育机构对未成年人实施的保护。在保护未成年人的工作中，
学校保护起着重要作用。本案中，老师对宋某的旷课行为不管不
问，对步入歧途的宋某放任自流，没有尽到教育和保护的职责。
学校对这些品行有缺点、学习有困难的学生，应当耐心教育、帮
助，不得歧视和放任。学校应按照法律的要求：贯彻教育方针，
保证学生全面发展；尊重未成年人的受教育权；尊重未成年人的
人格尊严；保护未成年人在学校的安全和健康等。

第三道防线是"社会保护"。社会保护是指国家、社会团体、
企事业组织以及其他组织和个人对未成年人实施的保护。社会环
境对未成年人的成长与发展产生着潜移默化的影响。本案中，网

吧本就属于不适宜未成年人活动的场所，不得允许未成年人进入。但这些经营者唯利是图，没有尽到社会保护的职责，对宋某等人的成长产生了极为不良的影响。经营者应当在显著位置设置未成年人禁入标志；对难以判明是否已成年的，应当要求其出示身份证件。

第四道防线是"司法保护"。司法保护是指公安机关、人民检察院、人民法院以及司法行政部门等依法履行职责，对未成年人实施专门保护措施。其内容主要有：不公开审理未成年人犯罪案件；对违法犯罪的未成年人实行教育、感化、挽救的方针，坚持教育为主、惩罚为辅的原则；做好刑满释放未成年人的安置工作；依法保护未成年人的继承权、受抚养权等。本案中，人民法院采取"不公开审理"，对他们"依法从轻处罚""本着教育为主、惩罚为辅的原则，未追究刑事责任，被收容所收容教养"等做法都体现了法律对未成年人的司法保护。

法律为青少年的健康成长保驾护航。但它不是未成年人违法犯罪的"保护伞"，未成年人一旦违法犯罪，也要承担相应的责任。我们应在法律的呵护下茁壮成长，绝不能触碰法律的底线。

【法律知识库】

《宪法》

第四十九条　婚姻、家庭、母亲和儿童受国家的保护。

《劳动法》

第十五条第一款　禁止用人单位招用未满十六周岁的未成年人。

《未成年人保护法》

　　第十八条　学校应当尊重未成年学生受教育的权利，关心、爱护学生，对品行有缺点、学习有困难的学生，应当耐心教育、帮助，不得歧视，不得违反法律和国家规定开除未成年学生。

　　第五十四条　对违法犯罪的未成年人，实行教育、感化、挽救的方针，坚持教育为主、惩罚为辅的原则。

　　对违法犯罪的未成年人，应当依法从轻、减轻或者免除处罚。

《预防未成年人犯罪法》

　　第二十一条　未成年人的父母离异的，离异双方对子女都有教育的义务，任何一方都不得因离异而不履行教育子女的义务。

　　第三十八条　未成年人因不满十六周岁不予刑事处罚的，责令他的父母或者其他监护人严加管教；在必要的时候，也可以由政府依法收容教养。

　　第四十五条　人民法院审判未成年人犯罪的刑事案件，应当由熟悉未成年人身心特点的审判员或者审判员和人民陪审员依法组成少年法庭进行。

　　对于审判的时候被告人不满十八周岁的刑事案件，不公开审理。

对未成年人犯罪案件，新闻报道、影视节目、公开出版物不得披露该未成年人的姓名、住所、照片及可能推断出该未成年人的资料。

【博士点睛台】

特殊保护不能少，自保意识更重要！

【实践拓展营】

为保护青少年健康成长，国家在《未成年人保护法》中设置了家庭保护、学校保护、社会保护和司法保护四道防线。请你用智慧的双眼，去寻找我们身边无处不在的特殊保护，看看你能否把它们区分开来？以小组为单位，在全班汇报展出你们的发现。

第六讲

当家做主　珍惜权利

6.1　积极参与　慎重选举
——无价的选票

【典案故事会】

弃　选

2016 年是全国县、乡两级人大换届选举年。12 月初，某县举行县人大代表选举。××中学是县里有名的重点中学，县人大代表选举的一个投票站就设在该校的阶梯教室里。高

三年级有 162 名年满 18 周岁的学生领到了选民证，第一次有资格参加本地区人大代表的选举活动。小雪不愿意去阶梯教室参加投票，因为年级将要举行一次重要的模拟考试，她怕耽误复习功课。

班长劝说小雪："以前只在政治课上了解有关选举权的知识，现在年满18岁了，首次拥有了选举权，投票的感觉既庄严又神圣，去感受一下呗！"小雪则认为，作为一名中学生，人大代表选举和自己关系不大，况且投票后结果如何自己说了也不算。后来，学校给同学们做了动员工作，给大家详细讲解了选举的意义和流程，于是小雪也积极加入了进来。

乱　选

农民工张山峰（化名）家住某镇，常年在外务工，一天因急事回家，正赶上乡里进行人大代表换届选举。张山峰刚到家，村主任就把选票送到家里，通知他明天去参加人大代

表的换届选举。选举当天，三位候选人都发表了竞选演讲，其中，王某是乡长，办事儿稳当；薛某是支援乡镇发展的大学生，能为乡民添点儿福利；张某是张山峰的发小，做事儿不牢靠，但这两年赚了点儿钱，想要从政。竞选演讲结束，张山峰心想："反正我常年在外打工，选谁都无所谓，就选最熟悉的张某，免得他怪我不讲义气。"于是，张山峰就随手勾画了发小张某的名字。唱票环节，让张山峰大跌眼镜的是，竟然有人在自己的选票上填了"好全面""无敌棒"等奇葩名字，投票比自己还要草率。

贿　选

2017 年 5 月，东部某县查处了一起在县级人大换届选举中利用微信红包进行拉票贿选的案件。

"我妻子韩某某参加县人大代表选举，请朋友们支持一下！"现任县人大代表吴洪（化名）在同事微信群中发出了这样一条消息。紧接着，他又在群里发了一个200元的红包。后被县网络舆情监督员发现并上报。经查实，吴洪共发放 1 个微信红包，有 40 多人领取了该红包，平均每个人领取约四元钱。当晚，县公安局对吴洪作出行政拘留 7 日并处 500 元罚款的处罚。不仅如此，县选举委员会还依法取消了韩某某的县第十七届人大代表提名资格。这让吴洪后悔不迭，但又疑惑不解。仅仅在一个微信群里发放了 1 个微信红包，该红包总金额只有 200 元，而且这些人也未必就能够决定妻子是否当选为县人大代表，为什么自己就被认定为贿选？殊不知，红包金额大小不影响对贿选性质的认定，换届选举的公平公正才是不可触碰的红线。

【合作探究园】

看完这三个故事，几个同学有如下议论，看看谁说的对：

小乐	小倩	小刚
●这学期我被选举为班长，也属于行使了被选举权吗？	●我们今年都14岁了，也很关注国家大事，是时候行使选举权了吧！	●精神病人也可以参加选举，不就是画几个圈或者叉的吗？

【法官评析场】

以上三个案例涉及公民选举权和被选举权的问题。选举权是指公民依法享有的选举国家权力机关代表的权利，包括参加提名代表候选人，参加讨论、酝酿、协商代表候选人名单，参加投票选举等；被选举权是指公民被选为国家权力机关代表的权利。我国的基层干部乃至国家主要领导人都是通过民主选举产生的。

案例一反映出我国部分选民的民主选举素养还不高，公民意识和主人翁意识还不强。在我国，人民是国家的主人，在国家政治生活中享有当家做主的权利。每个年满十八周岁的中国公民（依法被剥夺政治权利的人除外）都享有选举权和被选举权。选举权和被选举权是公民的基本政治权利，是公民参与管理国家和管理社会的基础和标志。一旦放弃行使这一权利，它将变得形同虚设，不利于人民参与国家事务和社会事务的管理，不利于国家民主程度的提升。所以，我们要不断提高民主选举的素养，积极参加选举，认真行使这一权利，不断增强公民意识和主人翁意识，增强公民的参与感和责任感。

案例二反映出在我国基层选举中，部分选民对待选举不严肃、不严谨的现象。一是部分选民在选票上填上诸如"好全面""无敌棒"等开玩笑的字眼，以玩笑调侃的方式来对待自己投票的权利，这是极不认真、不负责的行为。二是以张山峰为代表的一些选民，缺乏周全考虑和理性判断，仅凭个人义气行使权利，同样是不珍惜选举权的表现。同学们，选好、选准人民代表，关系到我们每个选民的切身利益，也关系到国家未来的发展。因此，我们应当端正态度，珍惜手中的选票。在选举时，做到出于公心，了解品能，理性思考，审慎投票。我们不应被别人的言行所煽动，对于破坏、阻挠选举的行为更要敢于指正和举报，积极营造一个民主的选举环境，确保选举真实有效。

案例三反映出近年来个别地方在选举中存在的贿选现象。贿选是选举时，用金钱或者其他财物贿赂选民，以增加选举人选票数量的行为。贿选侵犯的是公民的选举权，妨害了选民自由行使选举权。吴洪用微信发红包拉选票，金额虽然小，但动机不纯；事情虽然小，却触碰了选举的法律底线。更令人担忧的是类似的贿选行为，因为披上了微信红包的"马甲"，更具有隐蔽性，其恶劣影响和危害丝毫不亚于那些重大的拉票贿选事件。

享有选举权的人应珍惜自己的神圣权利，把票投给自己最信赖的、符合条件的最佳候选人；被选举人要想使自己成为代表和选民最信赖的人，应不断提高自己素质，时刻牢记并践行为人民服务的宗旨。

【法律知识库】

《宪法》

　　第三十四条　中华人民共和国年满十八周岁的公民，不分民族、种族、性别、职业、家庭出身、宗教信仰、教育程度、财产状况、居住期限，都有选举权和被选举权；但是依照法律被剥夺政治权利的人除外。

《刑法》

　　第二百五十六条　在选举各级人民代表大会代表和国家机关领导人员时，以暴力、威胁、欺骗、贿赂、伪造选举文件、虚报选举票数等手段破坏选举或者妨害选民和代表自由行使选举权和被选举权，情节严重的，处三年以下有期徒刑、拘役或者剥夺政治权利。

《选举法》

　　第二十六条　选民登记按选区进行，经登记确认的选民资格长期有效。每次选举前对上次选民登记以后新满十八周岁的、被剥夺政治权利期满后恢复政治权利的选民，予以登记。对选民经登记后迁出原选区的，列入新迁入的选区的选民名单；对死亡的和依照法律被剥夺政治权利的人，从选民名单上除名。

　　精神病患者不能行使选举权利的，经选举委员会确认，不列入选民名单。

第五十七条 为保障选民和代表自由行使选举权和被选举权，对有下列行为之一，破坏选举，违反治安管理规定的，依法给予治安管理处罚；构成犯罪的，依法追究刑事责任：

（一）以金钱或者其他财物贿赂选民或者代表，妨害选民和代表自由行使选举权和被选举权的；

【博士点睛台】

珍惜民主权利，投下庄严一票。

【实践拓展营】

以"我的第一张选民证"为题，开展调查，访问自己的父母、老师或参加过选举的其他人，请他们谈谈自己参加第一次人大选举的情景和感受，做好记录。结合调研结果，开展一次以"选举的故事，神圣的权利"为主题的演讲活动。

选举的故事，神圣的权利

6.2　政治自由　依法有序
——法律与自由

【典案故事会】

想说就说？
——言论自由

"畅所欲言"是一些人信奉的"自由"，"口无遮拦"是某些人称道的"品质"。然而有人却因此给自己和他人带来不少"麻烦"。

2018 年 1 月 17 日下午，群众举报某网民发布辱警信息，言辞间不仅嬉笑弄骂、嘲讽戏谑，还涉嫌辱骂执法民警。该信息通过网络转发传播，在社会上造成恶劣影响。经警方调查，市民洪某于当日上午将驾驶的轻型普通货车违法停放在某居民区的一条小巷内，严重影响居民和车辆通行，后被交警大队依法查获，洪某被扣分罚款。洪某因此发布了辱骂执法交警的视频和文字。到案后，洪某起初对自己的言行不以为然，认为自己有言论自由，不就是在朋友圈发表一下自己意见而已。洪某称自己因被罚款心里不舒服，想在朋友圈泄泄愤，发一下牢骚，调侃一下警察。经警方教育后，他才认识到自己的错误。依据《治安管理处罚法》，洪某被行政拘留五日。

取缔非法组织
——结社自由

老寨村位于湖南怀化市通道侗族自治县牙屯堡镇境内，村民主要从事种植业。这里历史悠久，物产丰富，民风淳朴。

两年前，老寨村的几位年轻人打破了昔日的宁静。他们筹备并成立了"老寨村青年协会"，"选举"产生了常务委员（理事）7名，开展募捐活动，非法募资1万余元，并张贴公告，干预该村村委会和支委会工作，危及老寨村的和谐稳定和经济发展，产生了极坏影响。

获悉上述情况后，县民政局会同相关部门，对"老寨村青年协会"事件开展调查取证。经查，该协会是未经当地民政部门注册登记的非法组织，以"老寨村青年协会"的名义，开展非法活动，违反了《社会团体登记管理条例》的规定；该组织欺骗群众，扰乱社会秩序，破坏乡村基层民主管理制度，造成不良后果。民政局依法对"老寨村青年协会"进行取缔。

"无序"的代价

——依法游行

高耸的烟囱，墨黑的浓烟，熏人的臭味，一群怒气冲天的居民因此聚集上街抗议，并进入县政府和肇事化工厂区"维权"。当地派出特警到现场维持秩序。

事后，县政府发布公告称，污染事件是某化工企业未经批准私自生产造成。有关部门做出如下承诺：对肇事企业停电停产，对环保局、供电公司立案调查，对相关责任人进行处理。与此同时，副县长在电视台向全县人民道歉

上述的处理决定和承诺未能满足居民们要求该化工厂迁离的愿望。在工厂全部停电、停产后，少数别有用心的人员无视法律法规，利用网络制造谣言、煽动策划非法集会游行示威活动，不明真相的群众又一次聚集街头，一些不法分子打砸车辆、损毁财物、拦截机动车辆强行索要钱财，场面多次失控。有关部门果断采取措施，防止事态扩大。

【合作探究园】

学完以上故事后，同学们议论纷纷，对自由的认识主要有以下三种观点：

对自由的认识，你观点是什么，请你写出来，并说明理由。

> 观点：
>
> ·理由1：
> ·理由2：
> ·……

【法官评析场】

　　以上三个案例涉及公民政治自由的问题，政治自由是指公民表达自己政治意愿的自由。公民的政治自由是近代民主政治的基础，是公民表达个人见解和意愿参与正常社会活动和国家管理的一项基本权利。国家依法保护我国公民的政治自由和政治权利。

　　毫无疑问，案例一中洪某和任何中国人一样，都享有宪法所规定的言论自由权。但是，这种自由是相对的，不是绝对的，更不是无条件的。作为公民，他所发表的言论必须是合法的，不能有损于国家利益、公共利益以及其他公民的合法权利；公民发表言论还应该考虑到社会中不同群体的感情和反应，不能有悖于社会的公序良俗和主流价值观。洪某以"言论自由"为借口，为自己辩护，然而言论自由不等于自由言论，更不能无道德原则和法律底线。依据《治安管理处罚法》的有关规定，洪某的行为已构成寻衅滋事。即便是西方国家，自由也不是绝对的，自由也是法律许可范围内的自由。公民应处理好自由与法律的关系，应在法律规定的范围行使权利，享受自由。

案例二涉及公民结社的权利和自由。结社自由是公民按一定宗旨，依照法定程序组织或者参加具有持续性的社会团体的自由。公民依法享有结成某种社会团体、进行社团活动的自由，这是公民的基本权利之一。我国宪法确认并保障公民享有结社自由。我国对公民结社的管理大休采用申报批准制。凡符合中国宪法和法律的规定，依法组成的社会团体，都受到国家的保护。案二中"老寨村青年协会"未经民政部门注册登记，开展非法募捐，干预该村支两委工作，违反了《社会团体登记管理条例》的规定，扰乱了社会组织登记管理秩序，给社会造成了不良影响，理应依法取缔。可见公民结社必须依规申报审批，结社活动必须依法进行。

案例三涉及游行示威自由。公民聚集于露天公共场所和公共道路上以列队行进的方式表达共同意愿、抗议的行为属于集会游行示威。但游行示威活动必须依法进行，①举行集会游行示威活动须指定专门负责人，并向公安机关提出书面申请并获得许可，方能在许可的范围内进行。②公民举行集会游行示威应当以和平方式进行，不得有包围、冲击国家机关、占领公共场所、拦截车辆行人或者聚众堵塞交通等违法犯罪行为。③严禁利用手机短信、微信、互联网等方式煽动组织非法集会游行示威活动。凡违反上述规定的，均为违法行为，严重的可能构成犯罪。该案中因化工废气污染问题，市民举行集会游行示威活动，未依法申请，游行中一些别有用心的人借此次活动之机实施了非法拦截机动车辆、故意损毁财物、聚众扰乱社会秩序等违法犯罪活动，理应受到法律制裁。

【法律知识库】

《宪法》

　　第二十七条　一切国家机关和国家工作人员必须依靠人民的支持，经常保持同人民的密切联系，倾听人民的意见和建议，接受人民的监督，努力为人民服务。

　　第三十五条　公民享有言论、出版、集会、结社、游行、示威的自由。

　　第四十一条　中华人民共和国公民对于任何国家机关和国家工作人员，有提出批评和建议的权利；对于任何国家机关和国家工作人员的违法失职行为，有向有关国家机关提出申诉、控告或者检举的权利，但是不得捏造或者歪曲事实进行诬告陷害。

《社会团体登记管理条例》

　　第三条　成立社会团体，应当经其业务主管单位审查同意，并依照本条例的规定进行登记。

　　第四条　社会团体必须遵守宪法、法律、法规和国家政策，不得反对宪法确定的基本原则，不得危害国家的统一、安全和民族的团结，不得损害国家利益、社会公共利益以及其他组织和公民的合法权益，不得违背社会道德风尚。社会团体不得从事营利性经营活动。

《集会游行示威法 》

　　第七条　举行集会、游行、示威，必须依照本法规定向主管机关提出申请并获得许可。

　　第二十五条　集会、游行、示威应当按照许可的目的、方式、标语、口号、起止时间、地点、路线及其他事项进行。

　　集会、游行、示威的负责人必须负责维持集会、游行、示威的秩序，并严格防止其他人加入。集会、游行、示威的负责人在必要时，应当指定专人协助人民警察维持秩序。负责维持秩序的人员应当佩戴标志。

　　第二十六条　举行集会、游行、示威，不得违反治安管理法规，不得进行犯罪活动或者煽动犯罪。

【博士点睛台】

自由是做法律所许可的一切事情的权利。
——孟德斯鸠

【实践拓展营】

分三组收集有关自由、法律的名言警句，每组筛选出你们最欣赏的两句填入各组展板上与其他组同学分享交流，并在此基础上探讨法律与自由的关系。

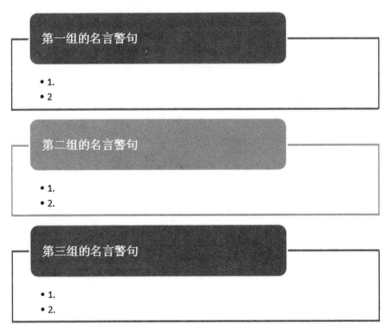

第一组的名言警句

• 1.
• 2

第二组的名言警句

• 1.
• 2.

第三组的名言警句

• 1.
• 2.

第三编　义务篇

第七讲

国家至上　爱我中华

7.1　维护统一　民族团结

——维护国家主权和领土完整

【典案故事会】

紧紧相拥的"石榴籽"

　　暑假期间，小军一家跟团来到新疆伊犁地区旅行，路经布力开村时，远远就听到村里传出欢快的歌声，寻着歌声进村，小军惊喜地发现在一家小院内，人们载歌载舞，谈笑风生，脸上洋溢着幸福的笑容。小军见状迫不及待地询问导游："他们是在开家庭聚会吗？"导游笑着告诉小军："他们不是一家人，胜似一家人。"

原来,布力开村是一个由维吾尔、汉、东乡、回、哈萨克5个民族组成的多民族村,为了维护全村稳定,改善村民生活,老书记买买提江·吾买尔全身心投入村务。一方面,他把维护全村稳定这根弦时刻紧绷着,在他看来,在这件事上不能商量,也不能妥协,要做到早发现,早处理;另一方面,他带领全村人民一同脱贫致富,在村里建成了面房、砖厂,家家户户也搞起了畜牧和养殖……布力开村逐渐摆脱了贫困,成为了远近闻名的富裕村、团结村、幸福村,而买买提江·吾买尔也因此被评为了"感动中国"2015年度人物。小军听后很受触动,赶紧拉着父母加入到这场聚会之中。

"最美夫妻"看护南海

赵述岛——中国西沙群岛宣德群岛的其中一岛,位于南海西北部。岛长600米,宽300米,面积约为0.2平方公里,这里有我国最南端的民兵哨所。岛上入口处飘荡着一面鲜红的五星红旗,这面五星红旗的看护人就是吴忠灿和他的妻子曹烈珠。

2008年3月,吴忠灿和他的妻子曹烈珠接到了一个神圣的任务——在赵述岛上升国旗。最初,他们用一根竹竿做旗杆,但竹竿很快就被飓风给吹断了。于是,吴忠灿又找来钢管,做旗杆,在那里升起了五星红旗。

在岛上经历了无数次的飓风和烈日炎炎的暴晒，吴忠灿和曹烈珠一直坚持让五星红旗在南海上空飘扬，在他们心中，岛就是国，这儿的每一块礁石都代表着——国家。"国旗插在岛上，就是咱们主权的标志。"他们用朴素的话语和无私的行动诠释了对祖国的忠诚、对爱情的忠贞。一面旗、一座岛、一对夫妻、一生坚守……吴忠灿、曹烈珠成为茫茫南海上最美最感人的民兵夫妻哨。2015 年 2 月，他们荣登"中国好人榜"。

中华儿女，爱国爱港

2019 年 8 月 16 日，在墨尔本州立图书馆前，数千中国留学生及澳大利亚华人自发来到集会地点，挂起国旗，唱起嘹亮的国歌，举起手中屏幕为国旗图片的手机，在夜空中闪耀

着中国红。当晚，天下起小雨，为避免国旗被淋湿，华人留学生们用仅有的几把伞为国旗遮雨。

紧接着，在英国、德国、法国、加拿大……海外华人留学生们自发聚集在一起，挥舞着国旗，高唱着国歌，呐喊"中国加油！"高呼"中国万岁！HONG KONG IS PART OF CHINA"！依法游行示威。他们还唱起了《听妈妈的话》《世上只有妈妈好》《我的中国心》等歌曲，用自己的方式表达着爱国的声音！

8 月初，众多爱国爱港的艺人在社交媒体上纷纷转发支持

"我是护旗手"的活动。8 月 17 日，近五十万香港市民齐唱国歌，依法举行"爱国爱港"和平游行。

【合作探究园】

学习完以上三个案例后，同学们提出以下问题，并开展探究讨论，请你和他们一道，也参与以下探究讨论，并谈谈你的认识。

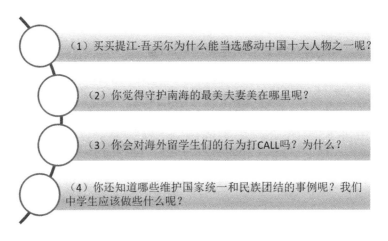

（1）买买提江·吾买尔为什么能当选感动中国十大人物之一呢？

（2）你觉得守护南海的最美夫妻美在哪里呢？

（3）你会对海外留学生们的行为打CALL吗？为什么？

（4）你还知道哪些维护国家统一和民族团结的事例呢？我们中学生应该做些什么呢？

【法官评析场】

以上三个案例涉及维护国家统一、民族团结、主权和领土完整等问题。

中国自古以来就是一个统一的多民族国家，案例一中买买提江·吾买尔作为村支书，不忘自己的职责和使命，把维护全村稳定和村民利益放在首位。为了达成这个目标，他和其他

党员同志与村委班子一道，一边抓好民族团结，一边带领全村村民脱贫致富。我国《宪法》规定，中华人民共和国各民族一律平等。国家保障各少数民族的合法的权利和利益，维护和发展各民族的平等、团结、互助关系。禁止对任何民族的歧视和压迫，禁止破坏民族团结和制造民族分裂的行为。正是因为有了无数个这样的"顶梁柱"，他们坚持民族平等、团结和共同繁荣的原则，自觉履行维护民族团结的义务，我国各族群众才能休戚与共相互依存，彼此包容互助互利；才能形成稳定团结和谐的良好社会氛围；各族人民才能安居乐业。维护民族团结，既是买买提江·吾买尔等民族工作者的职责，也是每位公民的义务。

自古以来，包括西沙群岛在内的南海诸岛及周边海域都是中国领土。国家的主权和领土完整不容侵犯和分割。某些南海周边国家和个别西方国家，不顾历史和国际法准则，对南海诸岛及周边海域虎视眈眈，垂涎已久，这对我国的领土主权、国家安全和利益构成严重威胁。这种否定历史，践踏国际法的行为，不得人心，必将失败。《国家安全法》规定，维护国家主权、统一和领土完整是包括港澳同胞和台湾同胞在内的全中国人民的共同义务。案例二中吴忠灿和妻子曹烈珠坚守在岛上升国旗守岛的行为，是公民依法自觉履行守护国家"领土"，维护国家主权，捍卫祖国利益义务的具体体现。他们的坚守与付出感动了海南，感动了国人。青少年应学习他们维护国家安全、主权和领土完整的无私奉献精神。

香港自古以来是中国的领土，1997年7月1日，中国对香港恢复行使主权。《中华人民共和国香港特别行政区基本法》第十二条规定：香港特别行政区是中华人民共和国的一个享有高度自治权的地方行政区域，直辖于中央人民政府。任何违背《基本法》，破坏"一国两制"的行为，不仅不利于香港的繁荣发展，也严重危害国家主权，危害国家统一。《宪法》规定：中华人民共和国公民有维护祖国的安全、荣誉和利益的义务，不得有危害祖国的安全、荣誉和利益的行为。案例三中的华人留学生们和爱港爱国的香港市民用自己的方式表达着深厚的爱国情感，履行了维护国家根本利益，维护祖国统一和捍卫国家主权的基本义务。我们青少年应该牢固树立国家意识，坚决维护国家的安全、荣誉和利益，维护国家统一和主权独立。

【法律知识库】

《宪法》

　　第四条　中华人民共和国各民族一律平等。国家保障各少数民族的合法的权利和利益，维护和发展各民族的平等、团结、互助关系。禁止对任何民族的歧视和压迫，禁止破坏民族团结和制造民族分裂的行为。

　　第五十二条　中华人民共和国公民有维护国家统一和全国各民族团结的义务。

《宪法》

第五十四条　中华人民共和国公民有维护祖国的安全、荣誉和利益的义务，不得有危害祖国的安全、荣誉和利益的行为。

第五十五条　保卫祖国、抵抗侵略是中华人民共和国每一个公民的神圣职责。依照法律服兵役和参加民兵组织是中华人民共和国公民的光荣义务。

《中华人民共和国香港特别行政区基本法》

第一条　香港特别行政区是中华人民共和国不可分离的部分。

第十二条　香港特别行政区是中华人民共和国的一个享有高度自治权的地方行政区域，直辖于中央人民政府。

【博士点睛台】

维护国家安全、荣誉和利益，维护国家统一和民族团结是公民的基本义务。

【实践拓展营】

青少年应该牢固树立中华民族共同体意识，自觉履行维护民族团结，维护国家统一和国家安全的义务，坚决同破坏民族团结、破坏国家统一的行为做斗争。

　　请同学们以"民族团结，国家统一"为主题，召开一次主题班会。

活动要求：

①班委干部在班长带领下负责设计活动方案；

②开展演讲、朗诵、小品、歌舞等不同形式的活动；

各小组分工合作，每位同学积极准备节目，主动参与活动。

7.2　保守机密　维护安全

——泄密的"代价"

【典案故事会】

身边的暗战

　　常某某，某高校研究生，为减轻家庭的经济压力，经常在网上找一些兼职的家教工作，并在网站上留下了自己的联系方式。

　　一天，常某某正在网上寻找工作时，有人主动与常某某打招呼，提出需要常某某帮助搜集一些半公开的资料，并表示可以先支付一定的报酬。常某某欣然同意了，开始有意识的为对方收集一些资料。

　　后来，对方又提出了新的要求，要他利用学习期间的便利条件搜集一些情报及内部资料。这时，常某某意识到自己的行为不再简单，而是在窃取国家机密，出卖情报，危害国家安全。可是他最终却没能抵挡住金钱的诱惑，继续接受对方的报酬，并多次利用旅行的机会，拍摄一些敏感的军事图片传到境外。

　　短短两年的时间里，常某某共向境外间谍机关发送了约54次共60余份情报资料，并因此获得境外人员给予的"合作经费"20余万元，常某某的行为严重威胁了国家安全。

法网恢恢，疏而不漏，已考上博士研究生的常某某最终被市人民检察院批准逮捕，此时的他对自己的行为追悔莫及。

致命的密码

黄某，原本在一家承担着我国相关密码研发任务的科研所里工作，由于其工作态度不端正，不守规矩，被单位按照规定解除了职务。黄某心怀不满，故意与某境外间谍机关搭

上关系，将手中私自留存的保密资料出卖给境外间谍机关。此后，境外间谍机关以每月工资5000美元为条件，黄某以每年至少出国两次的频率，陆续将窃取的机密出卖给了境外间谍机关。

黄某为了获取更多的机密，利用其妻子唐某（在另一家涉密单位担任资料管理员，经常接触涉密材料）复制了资料光盘；黄某还利用给姐夫谭某（黄某原单位的总工程师）修电脑的机会，偷偷拷贝了电脑里的保密文档。

此外，黄某还利用在原单位的关系，窃取同事电脑上的资料，打探科研所动态消息，窃取科研所内部刊物等机密文件。而这些材料，最后都被黄某卖给了境外间谍机关。

最终，黄某因"间谍罪"被依法判处死刑，剥夺政治权利终身，并收缴间谍经费。

普通的间谍

曹某，某大型企业的员工，在工作之余将个人资料投入网上，希望能在网上寻获赚钱的机会。2013 年的一天，曹某接到一个自称是某军事杂志社"主编"的人打来的电话，此人让他去做现场考察员，报酬不菲。于是，曹某每逢周末都按照指令去附近军事基地溜达拍照。为了能更好完成"主编"交给他的任务，曹某还购买了高倍望远镜和手机拍照专用镜头。曹某每次将拍摄到的军事基地附近的照片传给"主编"后，主编会立刻支付一笔丰厚的酬金给他。

曹某后来开始怀疑自己的行为是在出卖国家军事机密，害怕被抓住而受到法律的严厉制裁，想就此住手。但那名"主编"却发来邮件威胁他说，照片已经传到国外，如果被人举报，则后果不堪设想。

在国外间谍的威逼利诱下，曹某最终没能悬崖勒马。2014 年 4 月，市国家安全局经过侦查，抓获了曹某，并移交给当地检察机关批捕，最终等待曹某的，将是法律的制裁。

【合作探究园】

学习完以上三个案例后，同学们积极地展开了辩论：

正方：
间谍生活离我们中学生太遥远，不需要过多关注

反方：
间谍生活离我们中学生不遥远，需要我们提高警惕

【法官评析场】

以上三个案例都涉及出卖国家机密，危害国家安全的间谍行为。

所谓间谍行为，是指间谍组织及其代理人以外的其他境外机构、组织、个人实施或者指使、资助他人实施，或者境内机构、组织、个人与其相勾结实施的窃取、刺探、收买或者非法提供国家秘密或者情报，或者策动、引诱、收买国家工作人员叛变等危害国家安全的行为。

案例一中的常某某尽管身为研究生，却缺乏基本的道德观念和法律意识，虽意识到自己的行为可能危害国家安全，但却在金钱的诱惑下仍然故意为境外人员搜集和发送情报资料，给国家安全带来严重危害；

案例二中黄某则是知法犯法，明知是国家机密却利用工作职权故意私藏，利用各种手段窃取并有意提供给境外组织以获取金钱，其用心之险恶，手段之狡猾，其行为严重危害国家安全和利益，社会危害性极大；

案例三中的曹某最初因为无知，泄露国家机密，后来虽然有所警觉，但却未能及时悬崖勒马，甚至继续配备专业设备来窃取国家机密并以此换取境外组织的报酬，置国家的安全利益于不顾。

对于以上三个案例中的三人的行为，从主观方面看，均是为了获取金钱而故意为之；从客观方面看，都是与境外组织相勾结，实施窃取、非法提供国家秘密或情报的行为，侵犯的客体都是国家安全，因此均涉嫌间谍罪，依法应受到法律的制裁。

依据我国《中华人民共和国反间谍法》第六条，《中华人民共和国刑法》第一百一十条和第一百一十三条的规定，参加间谍组织或者接受间谍组织及其代理人任务，从事间谍活动，危害国家安全的，处十年以上有期徒刑或者无期徒刑；对国家和人民危害特别严重，情节特别恶劣的，可以判处死刑。

公民有保守国家秘密、维护国家安全、荣誉和利益的义务。当今国际形势十分复杂，我们青少年要提高警惕，防止被不法分子利诱，泄露国家秘密，危害国家安全。

【法律知识库】

《宪法》

　　第五十三条　中华人民共和国公民必须遵守宪法和法律，保守国家秘密，爱护公共财产，遵守劳动纪律，遵守公共秩序，尊重社会公德。

　　第五十四条　中华人民共和国公民有维护祖国的安全、荣誉和利益的义务，不得有危害祖国的安全、荣誉和利益的行为。

《刑法》

　　第一百一十条　【间谍罪】有下列间谍行为之一，危害国家安全的，处十年以上有期徒刑或者无期徒刑；情节较轻的，处三年以上十年以下有期徒刑：

　　（一）参加间谍组织或者接受间谍组织及其代理人的任务的；

　　（二）为敌人指示轰击目标的。

　　第一百一十一条　【为境外窃取、刺探、收买、非法提供国家秘密、情报罪】为境外的机构、组织、人员窃取、刺探、收买、非法提供国家秘密或者情报的，处五年以上十年以下有期徒刑；情节特别严重的，处十年以上有期徒刑或者无期徒刑；情节较轻的，处五年以下有期徒刑、拘役、管制或者剥夺政治权利。

《反间谍法》

第四条　中华人民共和国公民有维护国家的安全、荣誉和利益的义务，不得有危害国家的安全、荣誉和利益的行为。

第六条　境外机构、组织、个人实施或者指使、资助他人实施的，或者境内机构、组织、个人与境外机构、组织、个人相勾结实施的危害中华人民共和国国家安全的间谍行为，都必须受到法律追究。

第二十三条　任何公民和组织都应当保守所知悉的有关反间谍工作的国家秘密。

第二十四条　任何个人和组织都不得非法持有属于国家秘密的文件、资料和其他物品。

【博士点睛台】

洁身自爱，遵纪守法；
提高警惕，拒绝诱惑；
保守机密，你我有责。

【实践拓展营】

4月15日是我国"全民国家安全教育日"，全体社会公众应当增强国家安全意识，自觉履行维护国家安全的义务。

请以"维护国家安全，你我有责"为主题写一份倡议书，向全校同学发出倡议。

倡议书

（标题）＿＿＿＿＿＿

倡议对象：（称呼）＿＿＿＿＿＿＿＿＿＿＿＿＿＿＿

＿＿＿＿＿＿＿＿＿＿＿＿＿＿＿＿＿＿＿＿＿＿＿＿＿

＿＿＿＿＿＿＿＿＿＿＿＿＿＿＿＿＿＿＿＿＿＿＿＿＿

＿＿＿＿＿＿＿＿＿＿＿＿＿＿＿＿＿＿＿＿＿＿＿＿＿

＿＿＿＿＿＿＿＿＿＿＿＿＿＿＿＿＿＿＿＿＿＿＿＿＿

＿＿＿＿＿＿＿＿＿＿＿＿＿＿＿＿＿＿＿＿＿＿＿＿＿

＿＿＿＿＿＿＿＿＿＿＿＿＿＿＿＿＿＿＿＿＿＿＿＿＿

＿＿＿＿＿＿＿＿＿＿＿＿＿＿＿＿＿＿＿＿＿＿＿＿＿

倡议人：

时间：

提示：

一、写明倡议书的背景原因和目的；

二、写出倡议的具体内容和要求。

第八讲

国泰民安　共创和谐

8.1　社会秩序　共同维护

——无序的危害

【典案故事会】

刻在文物上的"恩爱"

一天，一对年轻的情侣在故宫御花园内游玩。当他们看见坤宁门北侧的一口有着三百年历史的铜缸时，一时兴起，竟然在铜缸的两个铜环把手之间，刻画了一个"爱心桃"，并在"爱心桃"内分别刻上了自己的名字，希望见证两人的爱情。

一名游客在微博上爆料了此事，并表达了自己的痛惜和愤怒："你们俩要秀恩爱别处秀去，把自己的名字深深刻在三百年的文

物上，这叫犯罪。"这一事件被曝光后，引起网友一片声讨，纷纷谴责这对不讲道德、不守法纪、自私狭隘的情侣。

故宫方面迅速做出回应称，故宫博物院内陈列的铁缸和铜缸属于世界文化遗产，是紫禁城岁月沧桑的历史见证；在铜缸上刻字的行为严重破坏了文物，是缺乏社会公德的恶劣行为。故宫方面也立即就此事件向公安机关报了案。

散播在网络里的"谣言"

某日，市公安部门发现微信朋友圈、百度贴吧、QQ群中疯传一则信息，称有一团伙专门绑架杀人，贩卖器官，并宣称可能是官商勾结和医院配合进行买卖器官，希望有良知的人都把这消息传递下去，并且照顾好各自家人。

经走访调查，警方证实该信息是谣言。事情真相是嫌疑人陈某因参与赌博欠债被债主追债，向亲朋借款还债遭拒，为博取同情而杜撰自己和4个老人、5名小孩被人关押的虚假事实。

黄某在未经核实的情况下便将道听途说的情况"添油加醋"发至百度贴吧；李某则在QQ群进行传播，而后其他网民纷纷转发，引起社会恐慌。警方随即进行辟谣。

公安分局先后抓获编造散布、传播谣言的嫌疑人陈某、黄某、李某，根据《治安管理处罚法》相关规定，对三人做出行政拘留和罚款的处罚。

践踏民族情感的"摆拍"

大年初五，有人在网上曝光了几张照片，立刻引起了网络一片愤怒之声：脑残、汉奸！

只见照片中，两个年轻男子身着旧日本军制服，头戴侵华日军军帽，其中一人手持军刀，另一人拿着带刺刀的步枪，步枪上还绑着日本"武运长久"旗，二人在一处类似碉堡的地方留影。

网友们发现这两名年轻男子并非日本国民，而是如假包换的中国人，拍照的地方则是南京中山陵抗战遗址邵家山碉堡，是南京保卫战主战场之一。

南京大屠杀遇难同胞纪念馆于次日发文，对两名青年男子拿民族伤痕开玩笑的行径进行了严厉谴责："跳梁小丑在当年南京保卫战发生之地紫金山如此无底线地恶劣作秀，相信一定会被绳之以法！"

警方依据《治安管理处罚法》第 26 条的规定，以构成寻衅滋事对二人依法予以行政拘留 15 日的处罚。

【合作探究园】

学习完以上三个案例后，同学们提出以下问题，并开展探究讨论：

1. 我在旅游的时候也看见过一些不文明旅游的现象，我们外出旅游的时候应该注意些什么呢？

2. 现在社会上的网络谣言可真不少啊，我们应该怎样对待网络信息呢？

3. 摆拍精日分子的处罚给我们怎样的启示呢？

请你和他们一起，也参与以上探究讨论，谈谈你的认识。

【法官评析场】

以上三个案例涉嫌妨碍社会管理秩序的问题。

案例一中的小情侣在故宫铜缸上刻下"爱心桃"，这种故意刻划、涂污或者损坏文物的现象，屡见不鲜。分析其原因，是这些人缺乏社会公德和文明素质，法律意识淡薄。根据我国《文物保护法》第六十四条规定："故意或者过失损毁国家保护的珍贵文物的，依法追究刑事责任。"第六十六条规定："刻划、涂污或者损坏文物尚不严重的，由公安机关或者文物所在单位给予警告，可以并处罚款。"对于此类乱涂乱画的行为，一旦认定，按《中华人民共和国文物保护法实施条例》，罚款数额为 200 元以下。如果破坏达到一定程度，公安部门还可以对实施破坏者给予拘留；严重的，可以提起民事诉讼，要求破坏者进行赔偿；特别严重的还可以追究刑事责任。对于此类损毁文物的行为，不仅仅是道德谴责，更应该追究其相应的法律责任，以唤醒人们对文物的敬畏之心，保护好文物，维护好社会秩序。

案例二中三人涉嫌传播网络谣言，扰乱社会秩序。网络不是法外之地，网络空间是公共空间，网络社会是法治社会。案例二中的三人，编造散布并传播买卖人体器官的谣言，造成社会恐慌，负面影响较大，根据《治安管理处罚法》相关规定，应处以五日以上十日以下拘留，可以并处五百元以下罚款；情节较轻的，处五日以下拘留或者五百元以下罚款。故警方对陈某散布谣言、赌博的违法行为分别立案作出行政处罚，合并执行行政拘留20日、罚款500元的处罚；对黄某、李某散布谣言违法行为分别作行政拘留5日、3日的处罚。谣言猛于虎，面对谣言，我们要擦亮双眼，要有自己的分辨能力；要注意信息出处和可靠性；要关注官方信息；要及时向警方求助。总之，我们公民要学会辨别网上的信息，做到不信谣、不传谣，发现谣言要及时举报。

案例三中的两名男子在南京中山陵抗战遗址身穿日本皇军服装摆拍的行为严重损害民族尊严，挑战国家底线，引发公众极大的愤慨。由于之前我国《刑法》并没有将类似"穿日本军服作秀"等严重伤害国民感情的行为纳入刑事处罚范围，对于"穿日本军服作秀"本身，警方只能依据《治安管理法》以扰乱公共秩序进行教育训诫和行政拘留。2018年5月1日正式实施《中华人民共和国英雄烈士保护法》，该法规定：英雄烈士的姓名、肖像、名誉、荣誉受法律保护，禁止歪曲、丑化、亵渎、否定英雄烈士的事迹和精神，宣扬、美化侵略战争和侵略行为，将依法惩处直至追究刑事责任。因此，针对类似案例三中两男子宣扬、美化侵略战争的行为，可依照《英雄烈士保护法》和《刑法》相关规定，对其依法惩处直至追究刑事责任。这种伤害民族情感的行为不仅是不道德的，也触犯了法律。我们青少年应该树立民族意识，增强中华民族认同感，不要去踩伤害民族情感的雷区。

【法律知识库】

《刑法》

第三百二十四条　故意损毁国家保护的珍贵文物或者被确定为全国重点文物保护单位、省级文物保护单位的文物的，处 3 年以下有期徒刑或者拘役，并处或者单处罚金；情节严重的，处 3 年以上 10 年以下有期徒刑，并处罚金。

故意损毁国家保护的名胜古迹，情节严重的，处 5 年以下有期徒刑或者拘役，并处或者单处罚金。

过失损毁国家保护的珍贵文物或者被确定为全国重点文物保护单位、省级文物保护单位的文物，造成严重后果的，处 3 年以下有期徒刑或者拘役。

《治安管理处罚法》

第二十五条　有下列行为之一的，处五日以上十日以下拘留，可以并处五百元以下罚款；情节较轻的，处五日以下拘留或者五百元以下罚款：

（一）散布谣言，谎报险情、疫情、警情或者以其他方法故意扰乱公共秩序的；

（二）投放虚假的爆炸性、毒害性、放射性、腐蚀性物质或者传染病病原体等危险物质扰乱公共秩序的；

（三）扬言实施放火、爆炸、投放危险物质扰乱公共秩序的。

《中华人民共和国英雄烈士保护法》

第二十二条　禁止歪曲、丑化、亵渎、否定英雄烈士事迹和精神。英雄烈士的姓名、肖像、名誉、荣誉受法律保护。任何组织和个人不得在公共场所、互联网或者利用广播电视、电影、出版物等，以侮辱、诽谤或者其他方式侵害英雄烈士的姓名、肖像、名誉、荣誉。任何组织和个人不得将英雄烈士的姓名、肖像用于或者变相用于商标、商业广告，损害英雄烈士的名誉、荣誉。

第二十六条　以侮辱、诽谤或者其他方式侵害英雄烈士的姓名、肖像、名誉、荣誉，损害社会公共利益的，依法承担民事责任；构成违反治安管理行为的，由公安机关依法给予治安管理处罚；构成犯罪的，依法追究刑事责任。

【博士点睛台】

爱护文物，文明旅游；
网络空间，遵纪守法；
民族尊严，不可侵犯。

【实践拓展营】

　　四人为一小组，设计一份以"遵纪守法，爱我中华"为主题的法制手抄报，并评选本班最佳法制小报。

设计建议：
　　（1）小报可设多个栏目，每个栏目要紧扣主题；
　　（2）内容充实，版面美观，形式多样。
　　（3）每个同学都应成为策划者和撰稿人，从中体验创作、合作的乐趣。

8.2　公共安全　人人有责
——危害公共安全

【典案故事会】

抢不得的方向盘

一日，驾驶员陈某和往常一样驾驶着公交车运送乘客。途中，乘客熊某未投币就径直走向座位，陈某催促熊某自觉投放 2 元车费。熊某顿时觉得脸面无光，心生不满，用手大力拍打车内的刷卡机及投币箱，随后又拿出随身携带的小剪刀威胁驾驶员陈某。陈某为了行车安全，不再理会熊某。但当陈某启动公交车后，乘客熊某却突然冲进驾驶室并将身体死死地压在驾驶员陈某身上，同时抢着陈某的方向盘，导致公交车突然失控，撞向了路边的行道树，致使公交车严重受损，车上乘客的生命安全也受到极大威胁。

法院经审理认为，被告人熊某的行为虽未造成严重后果，但已经危害到了公共安全，构成"以危险方法危害公共安全罪"，因此对其判处 3 年 6 个月有期徒刑，此时的熊某对自己当初的行为后悔不已。

烧不得的山火

"清明时节雨纷纷，路上行人欲断魂"，清明扫墓早已成为我们祭奠已故亲人、寄托哀思的一种传统习俗。

4月5日上午，孙某与妹妹带着祭祀用品，一起到山上去给过世的父亲上坟。两人来到父亲坟前，将贡品摆好，把香、烛点燃插上后，开始焚烧钱纸。谁知风势太大，把焚烧的钱纸吹到了一旁的干草上并引燃了干草，火势迅速蔓延。孙某与妹妹发现后，迅速救火，但火势蔓延过快，最终未能阻止火势的扩大，而孙某与妹妹两人也在救火的过程中被烧伤。

市人民法院公开审理此案，被告人孙某因上山烧香、焚纸致使火灾发生，造成森林火灾过火面积831亩，损失严重，构成失火罪，被判处有期徒刑3年6个月。

黑飞的无人机

赫某为了完成公司安排的航空摄影测绘任务，在明知道其公司不具备航空摄影测绘资质，也没有申请空域的情况下，自行让乔某、李某等人对某公务机场项目进行航拍测绘。

接到任务后，乔某和李某在明知自己不具备操纵无人机资质，也不清楚公司是否申请空域的情况下，就径直开始在某公路上操纵起无人机升空进行地貌拍摄。

黑飞的无人机在飞行拍摄过程中被空军雷达监测发现，并被认定为"不明飞行物"。随后，军区空军将其列为一级威胁目标，两架歼击机待命升空，两架直升机升空，雷达开机26部，动用车辆123台，各级指挥机构和部队近千人参与处置，进入一级战备，将其迫降。

此次非法航拍还导致多架次民航飞机避让、延误，造成某国际航空公司经济损失近2万元。

赫某、乔某和李某三人因"过失以危险方法危害公共安全"分别被法院追究刑事责任。这也是国内首次对无人机"黑飞"的当事人予以刑事处罚。

【合作探究园】

学习完以上三个案例后，同学们的头脑中产生了一些疑问，并展开了讨论，请你和他们一起，也参与以下探究讨论，谈谈你的认识。

小明：公交车上抢夺方向盘的行为真是挺危险的，但还不至于会构成犯罪吧？

小刚：清明上坟烧纸引发火灾的隐患还真不能忽视啊！不过这是失火，不是故意放火，应该不会追究刑事责任吧？

小刚：我觉得玩无人机很时髦啊！不过造成的隐患也不少。作为科技新事物，我们应该怎么对待它呢？

【法官评析场】

这三则案例都涉嫌危害公共安全罪。

危害公共安全罪，指危害广大不特定多数群众的生命健康和公私财产的安全，足以造成多人死伤或使公私财产遭受重大损失的行为。

案例一中熊某抢夺方向盘的暴力行为涉嫌以危险方法危害公共安全罪，该罪属于行为犯罪，无论是否造成严重后果，只要实施危害公共安全的行为都能构成该罪。公交车上往往人数众多，公交司机在履行职务时承担着保证公共出行，维护乘客生命安全利益的责任，熊某抢方向盘的行为导致公交车失控，进而对众多乘客的生命安全造成重大威胁。根据《刑法》第114条规定，若尚未造成严重后果，将受到3到10年有期徒刑的惩罚；如果造成严重后果，将面临10年以上有期徒刑、无期徒刑或者死刑。抢夺公交车方向盘的行为危害公共安全，我们千万不可意气用事。如果有遇到他人有此类行为，我们一定要站出来勇敢说"不"。

案例二中孙某清明上坟烧纸引发火灾的行为涉嫌构成失火罪。所谓失火罪是指由于行为人的过失而引起火灾，造成严重后果，危害公共安全的行为，这是一种因过失危害公共安全的犯罪。被告人孙某因上山烧香、焚纸致使火灾发生，造成森林火灾过火面积831亩，损失严重，构成失火罪。根据我国刑法有关规定：过失犯前款罪的，处3年以上7年以下有期徒刑；情节较轻的，处3年以下有期徒刑或者拘役。因此，上坟扫墓燃烧纸钱时一定要注意用火安全。一旦发生火灾，要第一时间向消防部门报案，以控制火情蔓延、减少火灾损失。我们要做到文明用火，安全用火，以防引发火灾。

案例三中的三位被告人在明知自己不具备操纵无人机的资质以及不清楚本公司是否申请空域的情况下，未经飞行管制部门批准，擅自操纵无人机飞入空中管制区，导致军方出动大量人员、军用物资等进行查处，并致多架民航飞机空中避让、延误，造成某国际航空公司经济损失近2万元。三位被告人的行为足以危害公共安全，且造成了严重后果，该行为与放火、爆炸、决水、投放危险物质的危险性相当，因此根据《刑法》第一百一十五条规定，以"过失以危险方法危害公共安全罪"被判入刑。目前我国购买操纵无人机的人不断增加，但其法律意识大多不强，经常在空旷区域甚至是机场附近或军事基地附近操控无人机，严重威胁了飞机航行和军事安全。与之同时我国对无人机的管理法律却相对滞后，监管力度不够。因此，国家需要及时出台相关法律法规，加大对黑飞无人机的惩治力度，并在全社会广泛宣传无人机的相关法律法规和禁飞区域，增强人们对无人机使用的法律意识，并让群众积极参与监督举报，疏堵结合，共同整治无人机黑飞乱象。航空安全无小事，喜欢高科技的我们也要注意不要妨碍公共安全哟！

【法律知识库】

《刑法》

第一百一十四条 【放火罪、决水罪、爆炸罪、投放危险物质罪、以危险方法危害公共安全罪之一】放火、决水、爆炸以及投放毒害性、放射性、传染病病原体等物质或者以其他危险方法危害公共安全，尚未造成严重后果的，处三年以上十年以下有期徒刑。

《刑法》

第一百一十五条 【放火罪、决水罪、爆炸罪、投放危险物质罪、以危险方法危害公共安全罪之二】放火、决水、爆炸以及投放毒害性、放射性、传染病病原体等物质或者以其他危险方法致人重伤、死亡或者使公私财产遭受重大损失的，处十年以上有期徒刑、无期徒刑或者死刑。

过失犯前款罪的，处三年以上七年以下有期徒刑；情节较轻的，处三年以下有期徒刑或者拘役。

《刑法》

第一百一十九条 【破坏交通工具罪、破坏交通设施罪、破坏电力设备罪、破坏易燃易爆设备罪】破坏交通工具、交通设施、电力设备、燃气设备、易燃易爆设备，造成严重后果的，处十年以上有期徒刑、无期徒刑或者死刑。

过失犯前款罪的，处三年以上七年以下有期徒刑；情节较轻的，处三年以下有期徒刑或者拘役。

【博士点睛台】

公共安全，共同维护；
和谐社会，人人有责。

【实践拓展营】

青少年应当牢固树立安全意识，自觉维护公共安全，发现危害公共安全的行为及时举报，共同维护和谐安宁的社会环境！

六人成立一个学习探究小组，以维护公共安全为主题，采取多种形式调查社会上存在的各种危害公共安全的现象及其受到的处罚，分析研究这些危害公安安全行为产生的原因，并提出有关维护公共安全的建议。

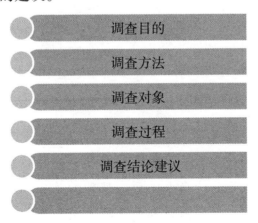

调查目的

调查方法

调查对象

调查过程

调查结论建议

第九讲

踊跃入伍　依法纳税

9.1　参军光荣　逃役可耻

——依法服兵役

【典案故事会】

当兵的人

今天，可真是个高兴的日
子！当兵的王某接到了妻子生
了个儿子的电话，他开心极了。
王某满心欢喜地想着回家照顾
妻儿、享受天伦之乐的场景。

可就在此时，他所在的部队却接到了一个紧急任务，一场百年不
遇的大洪灾爆发了，部队需要立即赶赴灾区抗洪护堤。正准备请
假回家的王某，此时什么也没说，默默的收拾好一切，就和战友
们一起奔赴灾区。王某和战友们一起奋不顾身地跳进了浑浊的水

里，无数次地搬运沙袋堵住缺口，严防死守了两个多月，洪魔终于被全面击退了。

部队撤离前夕，部队全体官兵与当地人民联合举办了一场文艺联欢会，庆祝抗洪胜利。正当节目进行中，王某突然看见主持人将一个身背行李，怀抱婴儿的少妇领进表演场地时，他惊呆了，他怎么也不会想到，那个怀抱着婴儿的少妇竟然是他的妻子。王某冲上台，一手抱过孩子，一手搂着妻子，滚滚的热泪流了下来。

参加民兵组织

18岁的李某想当兵，由于身体原因未被录取。一直渴望能够穿上军服的李某心想：虽然不能在部队当兵，但也可以在家乡当民兵啊！于是他申请加入了民兵组织。李某自加入民兵应急连以来，自觉做到按时训练，按时完成各项应急连工作任务，无条件服从应急连各级领导的指挥。李某在训练中刻苦认真，身先士卒，圆满完成各科目训练任务，并配合所在排排长做好本班的训练任务；在日常工作中团结同志，爱护班级成员，起到了模范带头作用；在各项应急演练当中，服从命令、听从指挥，带领所在班级出色完成应急演练任务，受到上级领导一致好评。一年后，李某向村党支部递交了一份入党申请书，也是这时他当上了该村的民兵连长。

李某所在的民兵组织多次参与了抗震、抗洪救灾，森林灭火等重大紧急救援行动，为保护人民安全和国家利益发挥了巨大作用，也充分体现出了平时能应急，战时能应战的民兵特色。

拒服兵役的逃兵

李某是一位刚入伍的新兵。在接受部队训练时，他却怕苦怕累，不愿受部队纪律约束，以种种理由逃避参加正常的训练和操课。县人民武装部的工作人员及李某的亲属先后多次前往李某所在部队与其耐心谈话，悉心教导，但李某却拒绝思想教育，拒绝继续留队服现役，态度极其消极，
甚至以绝食等极端行为相要挟，在部队造成了极其恶劣的影响。部队对李某按思想退兵做出处理，并发布公告。

公告指出：李某的行为违反了《兵役法》，已经构成了拒服兵役的违法行为，依法对李某就出国、升学、就业、升职、贷款等方面进行了限制和处罚，并将李某列入《拒服兵役人员黑名单》，通过新闻媒体向全社会通报。

【合作探究园】

学习完以上三个案例后，同学们感触颇深。

1.搜集优秀军人的感动事迹，在班上开展以"最可爱的人"为主题的演讲。

2.你怎样看待逃避兵役的行为？这给我们什么启示？

【法官评析场】

以上三则案例涉及公民履行维护国家安全、荣誉和利益的义务和依法服兵役的义务。

案例一中的王某作为一名军人，在妻子临产的时候未能尽到一个丈夫的责任，守护在妻子的身边；儿子出生后，也未能尽到一个父亲的责任，及时回家照顾妻儿，而是选择在险情发生时，毫不犹豫地跟随部队投入到抗洪救灾的队伍中，这种看似不近人情的选择，却真实地反映出了军人道德的高尚，对他们而言，国家利益，人民利益永远是第一位的，"保家卫国"绝非一句口号，而是毫不犹豫的选择和实实在在的行动。作为一名军人，"保卫祖国，保卫人民"就是他们义不容辞的职责。人民子弟兵还积极参加各种反恐维稳行动、抗震救灾，抗洪救灾等活动。他们用自己行动捍卫着国家的利益和人民的利益，是当之无愧的最可爱的人，是我们学习的榜样。

案例二中，李某自觉履行了参加民兵组织的义务。民兵是中国共产党领导的群众武装组织。我国民兵组织是中国武装力量的重要组成部分，是中国人民解放军的后备力量，也是巩固基层政权、维护国家安全与社会稳定的重要力量，是进行现代条件下人民战争的基础。我国实行普遍民兵制，凡具有中华人民共和国国籍的公民，不分民族、种族、性别、职业、宗教信仰、教育程度、财产状况和居住期限，只要符合民兵条件，都有义务依照这一规定参加民兵组织。全国现有基干民兵 800 万，每年组织 9 万多民兵参加守护桥梁、隧道和铁路线，20 多万民兵参加军警民联防巡逻，90 多万民兵参与重大自然灾害应急救援，近 200 万民兵参加城乡社会治安综合治理。我国民兵积极参加反恐维稳、抢险救灾、护边控边、治安联防等行动，在完成多样化军事任务中发挥了独特优势。

案例三中李某的行为属于逃避兵役的违法行为。我国《宪法》第五十五条规定，保卫祖国、抵抗侵略是中华人民共和国每一个公民的神圣职责。依照法律服兵役和参加民兵组织是中华人民共和国公民的光荣义务。公民依法服兵役对于保障军队现役兵员的更替和后备兵员的储备，加强国家武装力量建设具有重大的意义。但是，在实际中，有些符合服兵役条件的青年由于害怕吃苦受累等原因，通过采取一些不正当的手段来拒绝或者逃避服兵役，这种行为违反了我国《宪法》和《兵役法》的相关法律规定，是逃避法律义务的行为，必须要承担相应的法律责任。我国《兵役法》规定，对于拒绝、逃避服兵役的，由县级政府责令改正、罚款；拒不改正的，在两年内不得被录取为国家公务员、国有企业职工，不得出国或者升学；战时拒绝、逃避服兵役的，会构成犯罪，还要承担刑事责任。如果造成严重后果，还触犯了《刑法》第115条，甚至将面临10年以上有期徒刑、无期徒刑或者死刑。

当兵光荣，逃兵可耻。正是因为人民子弟兵的保家卫国，才有了人民群众安宁幸福的生活。我们也要自觉履行依法服兵役和参加民兵组织的义务！

【法律知识库】

《宪法》

第五十五条 保卫祖国、抵抗侵略是中华人民共和国每一个公民的神圣职责。依照法律服兵役和参加民兵组织是中华人民共和国公民的光荣义务。

《兵役法》

第二条 中华人民共和国实行义务兵与志愿兵相结合、民兵与预备役相结合的兵役制度。

第三条 中华人民共和国公民，不分民族、种族、职业、家庭出身、宗教信仰和教育程度，都有义务依照本法的规定服兵役。

有严重生理缺陷或者严重残疾不适合服兵役的人，免服兵役。

依照法律被剥夺政治权利的人，不得服兵役。

第四条　中华人民共和国的武装力量，由中国人民解放军、中国人民武装警察部队和民兵组成。

第三十八条　民兵是不脱产的群众武装组织，是中国人民解放军的助手和后备力量。民兵的任务是：（一）参加社会主义现代化建设；（二）执行战备勤务，参加防卫作战，抵抗侵略，保卫祖国；（三）为现役部队补充兵员；（四）协助维护社会秩序，参加抢险救灾。

《刑法》

第三百七十六条　预备役人员战时拒绝、逃避征召或者军事训练，情节严重的，处三年以下有期徒刑或者拘役。

公民战时拒绝、逃避服役，情节严重的，处二年以下有期徒刑或者拘役。

【博士点睛台】

保家卫国是军人的职责，依法服兵役是公民的义务。

【实践拓展营】

1. "咱当兵的人，有啥不一样"，请同学们以学习小组为单位，搜集军营歌曲，开展一场军营歌曲大 PK。

2. 观看影片《战狼 2》《红海行动》，并谈谈你的感受。

9.2　自觉纳税　偷抗可耻

——税法不是儿戏

【典案故事会】

小账大道理

——税收与生活

　　一位老板在育英中学门外经营一家生活小店，小店利润不多，但他每个月都会按时一分不少地向税务部门缴纳100多元税费。有人问他："为什么要纳税，小店本来赚不了多少钱，月月都无偿交这么多钱，你不觉得亏吗？"老板微微一笑，说："以前小店门口的路烂，不好走，过往行人不多，小店的生意惨淡。多亏国家用我们缴的税款把路修好，现在过往的人多了，生意好了。说到底，这税款最终还是用在我们纳税人身上了。"他还说，政府投资在他家附近新修了一所学校，女儿就在那儿读书，不交一分学费，学校建设资金中的一部分钱也许就有他缴的税款。"你说亏不亏？"他反问。小店老板的寥寥数语，令对方哑口无言。

曹公责弟

——依法治税

为了恢复和发展生产，建安九年，曹操颁布租调制。明令规定：每亩土地每年纳"田租"（税）谷四升；每户人家纳"户调"绢二匹、绵二斤。

曹操强调依法办事，严格贯彻租调制。他以身作则，带头守法，积极缴纳赋税；他要求各地严加检查，不许豪强地主漏交田租、户调，严打违法的豪强；他还大力支持地方官员依法征税，重用严于执法的官员。

曹洪是曹操的堂弟。他自恃功高，公然支持其在长社县的"宾客"拒不缴纳田租、户调，阻止租调制在该地实行。

长社县令杨沛不畏权贵，依法办事，顶着压力把那些违法不交税的"宾客"抓了起来。曹洪找到堂哥曹操为自己做主，要求严惩杨沛。杨沛毫不畏惧，并依法处死了抗税不交的宾客。曹操听闻此事后，责罚了曹洪，并重用杨沛为京兆尹。

抗税食苦果

——害人害己又坑国

吴某学的烹饪专业，大专毕业后，回老家镇上开了一家饭店，生意十分红火。不出几年，吴某就成了小镇先富起来的知名人士。但是吴某的纳税意识日渐淡薄，由最初的拖欠税款，到少报经营收入，直至最终公然抗税。

一天，税务机关工作人员送来纳税通知书，吴某拒不签字。次日镇税务机关征收人员填发了催缴税款通知书，又被吴某拒签。吴某以生意不好，

税赋过高，无力缴纳等为借口，拒绝纳税，并公然叫嚣，谁再来收税，就找人打断谁的腿。三天后，税务人员段某到吴某饭店扣押其物品时，吴某纠集几位好友对税务人员拳打脚踢。期间，吴某抄起椅子扔向段某，结果击中段某头部。段某在吴某等人送其到医院治疗的途中死亡。吴某因暴力抗税致人死亡，被公安机关依法逮捕。

【合作探究园】

阅读完以上三个案例后，请同学们分组探究以下三个问题，并分享探究成果。

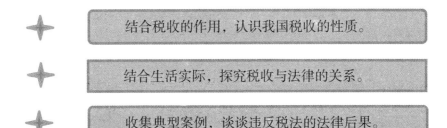

结合税收的作用，认识我国税收的性质。

结合生活实际，探究税收与法律的关系。

收集典型案例，谈谈违反税法的法律后果。

【法官评析场】

以上三个案例涉及公民依法纳税和国家依法治税等税收问题。

案例一中，对利润并不丰厚的小店老板来说，每月缴上百元的税费是一个不小的负担，但是小老板明大理，算大账。小老板明白，满意的子女教育，便利的交通条件，红火的小本生意，都与自己（每一位公民）自觉纳税相关，所以他不仅没有吃亏，反而是纳税的受益者。的确如此，明亮的教室，宽阔的街道，美丽的公园，漂亮的夜景……无不与税收相关，与公民自觉纳税紧密相连。我国税收"取之于民，用之于民"。只有公民依法纳税了，国家才能筹集到资金，才有钱发展教育文化事业，加强基础设施和城市公共建设，保护生态环境，提高社会保障和福利水平，维护社会治安，保障国家安全，促进经济社会发展，提高人民生活水平。所以每个公民都应自觉履行纳税义务。

案例二中曹操强调依法办事，带头守法，支持地方官员依法征税，并重用严于执法的官员，体现了税收的固有属性和内在要求。曹操依法治税对今天的税务机关和税务工作者有重要借鉴意义。税收是国家以社会管理者的身份，凭借政权力量，通过颁布法律或政令强制征收的财政收入。税收是国家财政收入的主要来源。税务机关及其工作人员要依法征税，全体纳税人应依法自觉纳税。税务机关依法征税是实现依法治税的基础。税务机关要督促纳税人依法纳税，必须先规范自身的执法行为。作为纳税人，必须遵守国家税收法令，自觉依法纳税，否则就要承担法律责任。

案例三中被告人吴某为了达到逃避税款的目的，对税务人员进行殴打，致使段某死亡。因吴某当时并无杀人的故意，依据我国相关法律规定，其行为既构成了抗税罪，又构成了故意伤害（致死）罪，居于一个行为触犯了数个罪名，由于故意伤害（致死）罪的法定刑高于抗税罪法定刑，对陈某应按故意伤害（致死）罪处罚。我国《刑法》规定，故意伤害他人身体，致人死亡或者以特别残忍手段致人重伤造成严重残疾的，处 10 年以上有期徒刑、无期徒刑或者死刑。吴某纳税意识淡薄，由最初的偷税、欠税，到公然暴力抗税致人死亡，害人害己，教训深刻。暴力抗税既失德可耻，又违法犯罪，纳税人应引以为戒。

【法律知识库】

《宪法》

第五十六条　中华人民共和国公民有依照法律纳税的义务。

《税收征收管理法》

第三条　税收的开征、停征以及减税、免税、退税、补税，依照法律的规定执行；法律授权国务院规定的，依照国务院制定的行政法规的规定执行。

任何机关、单位和个人不得违反法律、行政法规的规定，擅自作出税收开征、停征以及减税、免税、退税、补税和其他同税收法律、行政法规相抵触的决定。

《税收征收管理法》

第五条　税务机关依法执行职务，任何单位和个人不得阻挠。

《刑法》

第二百零一条　纳税人采取欺骗、隐瞒手段进行虚假纳税申报或者不申报，逃避缴纳税款数额较大并且占应纳税额百分之十以上的，处三年以下有期徒刑或者拘役，并处罚金；数额巨大并且占应纳税额百分之三十以上的，处三年以上七年以下有期徒刑，并处罚金。

《税收征收管理法》

第四十五条规定，抗税情节轻微，未构成犯罪的，由税务机关追缴应缴的税款，并处以拒缴税款五倍以下的罚款。

《刑法》

第二百零二条　【抗税罪】以暴力、威胁方法拒不缴纳税款的，处三年以下有期徒刑或者拘役，并处拒缴税款一倍以上五倍以下罚金；情节严重的，处三年以上七年以下有期徒刑，并处拒缴税款一倍以上五倍以下罚金。

【博士点睛台】

　　我国税收取之于民用之于民。
　　依法纳税是公民的基本义务!

【实践拓展营】

　　学校决定以班级为单位，开展一次以"诚信纳税，利国利民"为主题的，走进社区的税法宣传活动，请你和同学们一起拟定你所在班级开展该活动的活动方案，并依据方案组织开展活动。

"社区税法宣传"活动方案
活动主题：
学习宣传税法
活动目的：
普及税法知识，提高实践能力，建设法治社会。
活动步骤：
1.
2.
3.
……

第四编　社会篇

第十讲

热爱劳动　依法维权

10.1　劳动光荣　合法维权
——劳动者的权利

【典案故事会】

无理解聘，无效！

　　孔某是一级智力残疾人，两年前与某物业管理公司签订劳动合同，聘用期3年。去年，物业公司因经营不善，资金周转困难，便以填社保申请表为名诱导孔某在公司提前理定的辞职申请中按上手印，并以此为据开除孔某。

　　孔某家人发现后将物业公司起诉至人民法院，要求物业公司支付解除劳动合同经济补偿金。法院审理认为，因孔某不具备对签订劳动合同、签署离职申请等涉及个人重大利益的行为的判断能力和理解能力，且不能预见其行为后果，所以法院对孔某签署离职申请的行为不予认可，孔某签署离职申请的行为应属无效，双方的劳动合同应继续履行至合同期限终止。物业管理公司应当依照劳动合同法向孔某支付提前终止劳动合同的经济补偿金。

拖欠工资，追偿！

A 房地产集团将旗下某小区住宅楼承包给 B 建筑公司承建。

施工期间，B 建筑公司项目负责人王某多次以现金、银行转账等方式将工程款支付给包工头刘某，总金额达 230 万余元。工程验收后，经王某与刘某清算，还有 50 万工程尾款未结清，双方约定 60 日后结清。约定最后期限将近，未收到工程款的刘某无法支付工人工资，工人找到王某，王某以"现在手里没钱""甲方未结账"等说辞推脱工人，拒绝支付工资，并给个别工人打下了欠条。随后更是更换电话号码，彻底失去联系。

愤怒而无奈的工人组织起来向人民法院提起诉讼。到案后，王某对其通过更换电话号码、推脱等方式将工程款隐匿、转移，拒不支付劳动者劳动报酬的犯罪事实供认不讳，并支付了工人工资 50 余万元。法院判决被告人王某犯拒不支付劳动报酬罪，判处有期徒刑一年六个月，并处罚金十万元。

工作受伤，赔付！

小夏原来是某清洁公司工人，但并未与公司签订劳动合同，也没有办理工伤保险。小夏在给客户做清洁时从台阶上摔下，导致右脚骨折。经区劳动能力鉴定委员会鉴定，伤残等级为 8 级。可当小夏找到公司要求赔偿时，公司以双方未签订劳动合同，劳动关系并不成立为由拒不接受，无奈之下，小夏只好将公司告上了法庭。

法院审理认为，虽然双方没有签订劳动合同，但是根据小夏提供的工作牌、银行收入流水和公司考勤记录表，可以认定双方劳动关系是成立的。且小夏在工作时间因工作原因受伤，应当认定为工伤。判决清洁公司赔偿小夏治疗费用、精神损失费等共计 10 万元，判决生效后清洁公司却以公司财务紧张为由拒不执行法院判决。

小夏向法院申请了强制执行，执行指挥中心工作人员依法冻结了清洁公司银行账户，勒令清洁公司负责人向某支付小夏赔偿金，向某随即全额支付了赔偿金。

【合作探究园】

阅读完三个故事后，同学们在纷纷发表着自己的看法，请你辨析与澄清。

小明："目前欠薪事件多发，为了解决这个问题，要加重处罚，谁欠薪就罚得谁倾家荡产！"

小华："作为劳动者，遭遇欠薪还得自己动手。"

小红："残疾人就没有必要去参加工作了，享受国家的生活保障就好。"

小组讨论：你赞同谁、反对谁，为什么？

【法官评析场】

以上三个案例涉及劳动者取得报酬权、平等就业权、提请劳动争议处理权等权益的维护与保障。

我国法律保障残疾人劳动的权利。国家规定，在职工的招用、聘用、转正、晋级、职称评定、劳动报

酬、生活福利、劳动保险等方面，企业不得歧视残疾人。国家支持残疾人群体自强不息、自尊自立，参加适合其自身能力的劳动。案例一中孙某属于无完全民事行为能力人，物业公司在孙某不具备涉及个人利益重大事项的判断能力和理解能力情况下，诱导孙某签署辞职申请，违反法律规定，法院的判决维护了孙某合法权益。有利于保护残疾人劳动者保护自身的权利，激励他们通过自身劳动创造幸福生活。

案例二中被告人王某作为 B 建筑公司名下的项目负责人是工人工资发放的实际主体，在收到工程款后以逃匿的方式逃避支付劳动者的劳动报酬，且数额较大，双方协商达成支付协议后又拒不履行，构成拒不支付劳动报酬罪，法院依法判决被告王某支付

劳动报酬，并处以罚款，有利于维护良好的劳资关系。

工伤，又称为产业伤害、职业伤害、工业伤害、工作伤害，是指劳动者在从事职业活动或者与职业活动有关的活动时所遭受的不良因素的伤害和职业病伤害。工伤认定主要涉及是否在工作时间，因工作原因受伤。案例三中小夏在完成公司安排的清洁任务过程中受伤，符合"工作时间、地点""工作原因"两大要件，应当认定为工伤，公司应当赔偿。

劳动创造财富，是人类社会进步的源泉。劳动光荣，劳动者光荣。国家保护劳动者合法权益，作为劳动者，我们要积极维护自己的合法权益。

【法律知识库】

《残疾人保障法》

第二十七条 国家保障残疾人劳动的权利。

第三十四条 在职工的招用、聘用、转正、晋级、职称评定、劳动报酬、生活福利、劳动保险等方面，不得歧视残疾人。

《劳动合同法》

第八十二条 用人单位自用工之日起超过一个月不满一年未与劳动者订立书面劳动合同的，应当向劳动者每月支付二倍的工资。

《刑法》

第二百七十六条 以转移财产、逃匿等方法逃避支付劳动者的劳动报酬或者有能力支付而不支付劳动者的劳动报酬，数额较大，经政府有关部门责令支付仍不支付的，处三年以下有期徒刑或者拘役，并处或者单处罚金；造成严重后果的，处三年以上七年以下有期徒刑，并处罚金。

《工伤保险条例》

第十四条 职工有下列情形之一的，应当认定为工伤：

（一）在工作时间和工作场所内，因工作原因受到事故伤害的；

（二）工作时间前后在工作场所内，从事与工作有关的预备性或者收尾性工作受到事故伤害的；

（三）在工作时间和工作场所内，因履行工作职责受到暴力等意外伤害的；

（四）患职业病的；

（五）因工外出期间，由于工作原因受到伤害或者发生事故下落不明的；

（六）在上下班途中，受到非本人主要责任的交通事故或者城市轨道交通、客运轮渡、火车事故伤害的；

【博士点睛台】

劳动光荣，不要让劳动者流汗、流血再流泪。

【实践拓展营】

老张在工作中因操作失误受伤致残，其家属找老张的工作单位赔偿伤残损失。该单位认为老张违反了工作

安全规程，拒绝了老张及其家人的赔偿要求。如果老张向你求助，你将如何帮助老张维权？

10.2 爱岗敬业 依规守纪
——劳动者的义务

【典案故事会】

"跳槽"的代价

　　谢某是某商业公司经理，与公司签订了 4 年的固定期限劳动合同。合同约定，如果合同履行期间谢某提出辞职，应提前一个月提出，经公司批准并办理各项工作交接后方可离职。工作一年后，为获取更高的劳动报酬，谢某准备跳槽至另一家网络公司，遂向公司提出辞职申请。在公司尚未批准辞职且未办理工作交接的情况下，谢某跳槽到了该网络公司工作，致使原公司工作瘫痪，造成一定损失。

　　随后，谢某原公司向法院提起诉讼，要求谢某赔偿其跳槽对公司造成的经济损失 5 万元。庭审中，谢某称其作为劳动者有随时解除劳动合同的自由，劳动法并无强制劳动的规定，故无需向公司赔偿任何损失。最终，法院结合谢某原公司实际损失酌情判决谢某向该公司赔偿经济损失 2 万元。

旷工的孕妇

崔某是某销售公司员工，一年前与公司签订了五年劳动合同。第二年夏天，崔某怀孕，考虑到崔某怀孕后不宜高强度劳动，公司将崔某调离一线岗位，负责办公室收发资料、信件等相对轻松的工作，崔某口

头对此表示认同。但崔某在新的工作岗位上工作一周后就未到岗出勤，且未对此做任何说明，也未履行请假手续。

两个月后，公司向崔某发出《解除劳动合同通知书》，解除理由为崔某自怀孕后连续旷工两个月，违反公司的规章制度。崔某不服，遂上诉至人民法院。庭审中，崔某承认自己确实在未履行请假手续的情况下休假两个月的事实。但崔某辩称原因是怀孕期间情绪不稳定，无法安心工作。此外，崔某认为公司在自己孕期单方解除劳动合同违反了劳动法相关规定，要求公司支付违法解除赔偿金2万元。法院最终判决公司系合法解除劳动合同，无需支付崔某解除劳动合同赔偿金，解聘有效。

伪造的学历

某财务公司在业内知名度很高，待遇丰厚，吸引了众多求职者。公司明确要求求职者需为硕士研究生及以上学历，且本硕阶段均就读于重点大学。

王某大学期间痴迷于网络游戏，最终没能顺利毕业。被学校

劝退后在求职路上屡屡碰壁。在获悉该财务公司招聘信息后，被该财务公司高额薪水吸引，伪造了本硕学历、学位证书前去应聘。随后双方签订了劳动合同。劳动合同约定"员工保证所提供的个人资料真实有效，

如提供虚假材料视为欺诈，本合同无效，公司有权解除本合同，并追究员工的赔偿责任"。入职公司后，王某担任审计员。随后的工作中，公司发现王某的工作能力远低于同期录用的新员工，遂通过学信网查询王某学历学位证书，得知王某学历学位证书系伪造。随后，公司以王某伪造学历、劳动合同无效为由与王某解除劳动合同。王某不服，起诉要求公司支付其违法解除劳动合同的赔偿金。法院最终驳回王某的诉讼请求。

【合作探究园】

无论是劳动者还是用人单位，都应当在法律许可的范围内行使权利，履行义务，弱势群体也应遵守劳动法律。

劳动者作为劳动争议中的弱势群体，相较于用人单位，我们应当给予劳动者更多的法律支持。

【法官评析场】

以上三个案例涉及劳动者的维权问题，三位劳动者在维权中无一例外都失败了，究其原因，他们都只主张自己的权利，而不履行自己作为劳动者的义务。

我国劳动法并无强制劳动者进行劳动的规定，对劳动者单方解除劳动合同的限制也比较宽松。但是，劳动者对劳动合同的单方解除权也并不是绝对的自由，而是要提前 30 日以书面形式通知用人单位。法律之所以有时间方面的限制，就是为了保证用人单位能有合理时间来寻求接任者，保证公司业务开展的延续。谢某在未提前通知用人单位且在辞职申请未批复，工作未交接的情况下突然离职，势必会给用人单位的正常经营造成被动和一定损失。如果劳动者属于较为关键的管理岗位或者某些特殊行业（如飞行员等需要经过严格培训方能上岗的劳动者），则损失会更大。如用人单位能够提供较为充分的证据证明其因劳动者的突然离职行为受到经济损失，法院一般会支持其关于损失赔偿的请求。

对女职工的特殊保护是劳动法律体系的一种基本制度，劳动法明确规定：不得安排女职工在怀孕期间从事国家规定的第三级体力劳动强度的劳动和孕期禁忌从事的劳动；对怀孕七个月以上的女职工，不得安排其延长工作时间和夜班劳动；不得安排女职工在哺乳未满一周岁的婴儿期间从事国家规定的第三级体力劳动强度的劳动和哺乳期禁忌从事的其他劳动，不得安排其延长工作时间和夜班劳动。但这并不意味着"三期"（即怀孕期、产期、哺乳期）女职工可以无视用人单位的规章制度。案例二中，因崔某怀孕，公司安排相对轻松的工作并得到崔某认同，是符合相关规定的。但崔某连续两个月未向公司履行请假手续且未提供劳动。崔某连续旷工的行为，违反了公司的规章制度，公司以此为由解除劳动合同，符合法律规定。故法院最终判决认定公司系合法解除劳动合同，无需支付崔某主张的赔偿金。

订立劳动合同应当遵循诚实信用的原则。王某在入职时提交了虚假的学历学位证书与公司建立劳动关系，王某的行为构成欺诈，双方签订的劳动合同无效，公司可以以合同无效为由与王某解除劳动合同，故法院最终判决驳回王某要求公司支付违法解除劳动合同赔偿金的诉讼请求。随着劳动力市场日益活跃，劳动者与用人单位之间的双向选择也越发自由。而劳动者的学历和过往履历成为双方互相选择的重要依据。劳动者如果采取欺诈的手段，以虚假学历入职，事实上侵犯了用人单位的知情权，违背诚实信用原则，用人单位可以以劳动者存在欺诈为由主张合同无效，并就此解除劳动合同，同时可就劳动者造成的损失要求赔偿。

劳动者要树立权利意识，敢于、勇于、善于维护自己的合法权益，也要牢固树立义务意识，遵守法律、法规、企业规章制度，诚实守信，积极履行劳动合同规定的义务。

【法律知识库】

《劳动法》

第三十一条 劳动者解除劳动合同，应当提前三十日以书面形式通知用人单位。

第三十二条 有下列情形之一的，劳动者可以随时通知用人单位解除劳动合同：

（一）在试用期内的；

（二）用人单位以暴力、威胁或者非法限制人身自由的手段强迫劳动的；

（三）用人单位未按照劳动合同约定支付劳动报酬或者提供劳动条件的。

《劳动法》

第三条 劳动者享有平等就业和选择职业的权利、取得劳动报酬的权利、休息休假的权利、获得劳动安全卫生保护的权利、接受职业技能培训的权利、享受社会保险和福利的权利、提请劳动争议处理的权利以及法律规定的其他劳动权利。

劳动者应当完成劳动任务，提高职业技能，执行劳动安全卫生规程，遵守劳动纪律和职业道德。

《劳动合同法》

第三十九条 劳动者有下列情形之一的，用人单位可以解除劳动合同：

（一）在试用期间被证明不符合录用条件的；

（二）严重违反用人单位的规章制度的；

（三）严重失职，营私舞弊，给用人单位造成重大损害的；

（四）劳动者同时与其他用人单位建立劳动关系，对完成本单位的工作任务造成严重影响，或者经用人单位提出，拒不改正的。

【博士点睛台】

享有权利需履行义务！

【实践拓展营】

订立劳动合同是劳动者维护自身权益的重要依据，但是因为多方面的原因，还有一定数量的劳动者没有与用人单位签订劳动合同。此外，劳动者对劳动合同重视度也不够，甚至基本无了解，请查阅资料，完善下表，并深入社区宣传《劳动法》和《劳动合同法》。

劳动合同主要内容及其注意事项

内容	注意事项
劳动者权利：	休息休假规定；劳动报酬约定等
劳动者义务：	

第十一讲

科学文明　健康消费

11.1　明白消费　理性维权
——享受"上帝"的权利

【典案故事会】

"磨刀，宰羊"
——重拳整治旅游市场

寒假期间，"自由行"游客
小陈满心欢喜去旅行。到达目
的地后却被告知自己提前预订
旅店只能住一晚，且不能在订
票网站"乱说"才能退剩下的
房款。　"跟团游"的小周在
"雪乡"旅行时，被强迫购买非

法景区游览套票。"这个地方，一年 12 个月，它只营业 3 个月，
所以经常有人说'九个月磨刀，三个月宰羊'，谁是羊啊，大家

都是羊!"涉事导游如是说。

记者暗访中有业内人士爆料了"宰客三步走"套路:

第一步"备料",开旅行社;第二步"圈羊",以低价引诱游客参团;第三步"宰客",把游客用车运到郊外,威逼恫吓让其购买高价自费旅游项目。

经新闻报道后,"雪乡"宰客引发轩然大波,当地政府开展了专项整顿,确保游客拨打"一个电话"实现"有诉必应"。

"定时炸弹"

——切实保障消费安全

渐入深冬,天气转冷,各种取暖设备进入销售旺季,其中暖手宝因为小巧方便,成为许多人的取暖标配,坐不离手,行不离身。

某中学同学李某将自己在超市买的电暖手宝带到教室取暖。在使用过程中发生爆炸,导致李某手臂大面积烫伤,幸亏及时送医才避免了更严重的后果。据专家介绍,电极式暖手袋如果温控失灵,加热温度过高膨胀过快容易使暖手袋爆炸,发生危险,国家质检总局已经明令禁止电极式暖手袋销售。

李某家长随后向超市提出了30000元的赔偿要求,双方协商未果,后通过消费者协会的斡旋,超市方同意一次性补偿消费者医疗费共计20000元,同时,下架所有未出售的涉事产品,并在电视台发布广告召回已售出涉事产品。

"退一赔三"

——保障消费者知情权

山东省消费者刘女士在当地汽车展销会上看中一款某品牌轿车。其中一家4S店报价128000元，略低于其他4S店报价，并且可以赠送1万元汽车装饰。

心动的刘女士当场交了定金，一个星期后提回了新车。半个月的一天，刘女士驾驶该车发生轻微剐蹭事故。在卸下前翼子板重新喷漆过程中，刘女士发现爱车前保险杠有撞击痕迹，但刘女士购入该车后并未发生过伤及保险杠的事故。由此，刘女士判断自己买到的新车其实是事故车维修后冒充的。遂向4S店要求"退一赔三"证据面前4S店承认了这辆车曾经发生过伤及前保险杠的事故，但辩称自己并不知情，而是车辆运输过程中发生的事故，可以无偿为刘女士更换保险杠。

最终，刘女士将4S店告上法庭，法院判决原告刘女士将车退回4S店，被告4S店将购车款退还原告刘女士，并按购车款的三倍赔偿原告384000元。

【合作探究园】

阅读完上述三个案例，同学们积极的讨论了起来，你支持谁的观点呢？为什么？

【法官评析场】

以上三个案例涉及消费者的安全权、知情权、公平交易权和受尊重权等问题，我国宪法和相关法律为消费者权益的保护提供了法律保障。

案例一中"雪乡"涉事旅店通过网络销售客房，消费者预定成功即表明双方已经就客房销售达成合同，交易已经形成。客人到店后商家以给客人的售价较低为由推翻之前双方已经达成的合同，属于单方面违约的行为。此外，用退款要挟客人必须在网络上给好评，并威胁客人的行为已经严重侵犯了消费者公平交易权和受尊重权。良好的市场环境需要政府的规范，也需要企业守法经营，诚实守信。

消费者享有安全保障权，消费者在购买、使用商品或接受服务时，享有保障其人身、财产安全不受损害的权利。案例二中李某在使用暖手袋过程中因为暖手袋质量问题导致自身大面积烫伤，危及生命财产安全。在出现危及生命财产安全事故后，消费者可以依法求偿。李某在协商无果的情况下积极寻求消费者协会帮助，在消协的协调下获得赔偿。这启示消费者，当我们的权益受到侵犯后，要勇于拿起法律武器维护自身权益。

"新消法"第五十五条规定，经营者提供商品或者服务有欺诈行为的，应当按照消费者的要求增加赔偿其受到的损失，增加赔偿的金额为消费者购买商品的价款或者接受服务的费用的三倍。案例三中4S店在向原告刘女士销售车辆过程中，隐瞒了车辆是事故车的事实，当成新车向刘女士出售，构成销售欺诈。根据《中华人民共和国消费者权益保护法》第五十五条的规定，4S店不仅要退还刘女士购车款，而且还需按购车款3倍赔偿刘女士损失。刘女士的维权启示我们，作为消费者，学法、懂法，才能更好地守法、用法。

【法律知识库】

《消费者权益保护法》

　　第一百零七条　当事人一方不履行合同义务或者履行合同义务不符合约定的，应当承担继续履行、采取补救措施或者赔偿损失等违约责任。

　　第七条　消费者在购买、使用商品和接受服务时享有人身、财产安全不受损害的权利。消费者有权要求经营者提供的商品和服务，符合保障人身、财产安全的要求。消费者享有公平交易的权利。消费者在购买商品或者接受服务时，有权获得质量保障、价格合理、计量正确等公平交易条件，有权拒绝经营者的强制交易行为。

第十九条　经营者应当向消费者提供有关商品或者服务的真实信息，不得作引人误解的虚假宣传。经营者对消费者就其提供的商品或者服务的质量和使用方法等问题提出的询问，应当作出真实、明确的答复。

《产品质量法》

第十三条　可能危及人体健康和人身、财产安全的工业产品，必须符合保障人体健康和人身、财产安全的国家标准、行业标准；未制定国家标准、行业标准的，必须符合保障人体健康和人身、财产安全的要求。禁止生产、销售不符合保障人体健康和人身、财产安全的标准和要求的工业产品。

第二十六条　生产者应当对其生产的产品质量负责。产品质量应不存在危及人身、财产安全的不合理的危险，有保障人体健康和人身、财产安全的国家标准、行业标准的，应当符合该标准。

《消费者权益保护法》

第八条　消费者享有知悉其购买、使用的商品或者接受的服务的真实情况的权利。

第十八条　经营者应当保证其提供的商品或者服务符合保障人身、财产安全的要求。对可能危及人身、财产安全的商品和服务，应当向消费者作出真实的说明和明确的警示，并说明和标明正确使用商品或者接受服务的方法以及防止危害发生的方法。

第二十七条　经营者不得对消费者进行侮辱、诽谤，不得搜查消费者的身体及其携带的物品，不得侵犯消费者的人身自由。

【博士点睛台】

《消费者权益保护法》的意义就是要让人们快乐消费，放心消费。

【实践拓展营】

《消费者权益保护法》为我们保护自己权益提供了法律武器，但仅仅靠法律的保障是远远不够的，因为"法律是不可能

保护那些躺在法律上睡觉的人的"。作为消费者的我们，维权意识又如何呢？请在老师的指导下制作问卷，并面向全校师生进行调研，最终形成调查报告。

11.2 文明消费 权责分明

——履行消费者的义务

【典案故事会】

维权还是敲诈

李某在送货途中购买了4包某品牌方便面充饥，食后伴有腹泻。他在方便面醋包里发现一块类似"玻璃块"的物质，打开另一包发现异物更多，并注意到4包方便面的保质期都已过将近一年。

李某在网上找到某质量检测技术有限公司对方便面醋包进行了检测，检测报告显示醋包内汞含量超标4.6倍。

李某在明知检测机构无资质、检测结果无法律效力的情况下，将检测结果寄给方便面公司要求索赔。多次协商后，方便面公司最终表示赔偿李某7箱方便面和电话费用。李某不接受，表示"方便面企业侵权成本太低"，提出了"惩罚性"的300万元赔偿金，后追加至450万元。

索赔未果后，李某将检测报告发到微博上，分别点名了等八家媒体。随后，该方便面企业将李某上诉至人民法院。

法院一审以敲诈勒索罪判处李某有期徒刑八年六个月。李某不服，提请二审。二审中，人民法院认为一审量刑偏重，二审以李某犯敲诈勒索罪，判处有期徒刑五年。

反转的剧情

消费者钱某到县消协投诉，称其在某手机维修部修手机时，不但手机的故障没排除，而且还把手机拍照功能给修坏了，要求手机维修部返还维修费并赔偿损失。消协在调查过程中

发现：手机维修部送修单存根上清楚地写有送修手机的品牌、型号和"待机时间过短、来电无铃音、不能正常拍照"三项故障描述，但消费者却说送修时拍照功能是好的，是维修部给修坏了，并且"不能正常拍照"几个字也是维修部后填上去的，同时为证实手机送修时拍照功能是好的，钱某还请一个当时随他来维修部的朋友做证。然而当维修部要求钱某出具本该保存在钱某手中的另一联送修单时，钱某却说丢失了，为此维修部拿着送修单声称钱某和他的朋友想讹诈。在多次对当事双方及其关系人的调查走访后，尽管也有一部分人反映维修部在经营过程中有过不诚信的行为，但因为维修部提供了送修单存根这个关键证据，而且从送修单系两联复写式这一规格上也能证明钱某确实有一联送修单，所以消协最后确认了维修部的证据有效，对钱某的索赔要求不予支持。

消费者的责任

小敏是初中一年级学生。去年冬天，小敏在自家卫生间洗澡时，因为热水器烟道没有伸出窗外，而小敏又将卫生间门窗完全关闭，导致一氧化碳中毒，家人发现后虽及时送医，仍旧不治身亡。

悲伤的小敏家人将热水器销售和安装方告上法院要求赔偿。在法院调查过程中发现，小敏家热水器烟道没有伸出窗外，不符合安装规范。但被告安装公司认定当初安装时烟道是完全符合安装规范的，现在的热水器是李某私自换位，重新安装的。后经小敏家小区物管中心核实，小敏家房屋装修后确实进行过二次重新装修，卫生间位置做了调整，热水器安装也是小敏父亲自行重新安装的，物业中心还拿出了当初重新装修时的备案登记以及该房屋的原始户型图。由此，法院认为，热水器销售和安装公司按相应标准规范安装了热水器，小敏的死是小敏家人在无操作资质的情况下违规操作，安装热水器，以及监护人未履行监护义务所造成的，遂驳回了小敏家人的求偿诉求。

【合作探究园】

【法官评析场】

以上三个案例涉及消费者的维权问题，无一例外，消费者都败诉了，这给我们深刻的启示。

案例一中李某在食用一包方便面后身体不适，在无证据证明其损失数额及其损失与公司有因果关系的情况下，直接向方便面公司索要300万元甚至450万元的巨额赔偿，远远超出合理范围。如确因缺陷产品造成损害，提出巨额索赔也应具有合理理由，但李某索要的财物明显超出合理范围，因此应认定其具有非法占有方便面公司财物的主观故意。此外，李某在明知检测机构无资质、检测结果无法律效力的情况下，仍自行委托检测机构并以所得检测结果为据向方便面公司索赔，威胁若不满足其要求即将检测结果通过媒体公开。目的就是使方便面公司产生恐惧心理后为避免其商业信誉受损而选择向其交付财物，被告人显然是用威胁方法向方便面公司强索财物。

案例二中钱某懂得遭遇消费侵权后找维权组织进行维权，但又因为不会保存相关证据或者不懂得依法维权而导致维权行动失败。这要求我们消费者在日常消费中应当特别注意以下几个方面：1. 一定要索取并保存好购物小票、发票等购物凭证；2. 要到固定经营场所、商业信誉好、证照齐全的经营者处购物；3. 不要轻信经营者的任何口头承诺，要索取承诺性文字或权利义务性协议。

案例三中燃气热水器的销售和安装方，应为顾客提供安全可靠的安装服务，按照相应操作标准规范安装热水器，确保消费者生命财产安全。消费者有义务按照热水器使用标准正确使用热水器，不得私自改动、安装。若因消费者在无资质的情况下私自改动，而产生的损失应当由消费者自行承担。小敏的父亲私自改动原有规范的安装，同时，作为小敏的监护人，没有尽到监护的义务，应当对小敏死亡承担全部责任。

保护消费者的权益任重道远，不仅需要国家的支持，也需要消费者自身的努力。作为消费者，我们要遵守法律法规，积极履行消费者义务，正确使用商品，学会保留证据，从而在维权中处于有利地位。

【法律知识库】

《消费者权益保护法》

消费者除了享有权利外，还应履行以下义务：

1. 遵守法律、法规和社会公德。

2. 爱护商品，尊重经营者的劳动和服务。

3. 按照说明书正确安装、使用和维护商品，按照服务规则接受服务。

依法投诉或者起诉，并承担相应的举证责任。

自觉抵制假冒伪劣商品的责任。作为合格的消费者不仅不要购买假劣商品，还应积极抵制假冒伪劣商品，抵制侵犯知识产权的盗版产品，积极参与对商品和服务的社会监督。同时对有可能发生的造假行为进行防范，不让制假、售假分子有可乘之机。

理性消费的责任。作为一名成熟的消费者，不要为所谓的免费使用、换季打折、幸运大奖等活动所迷惑；在消费过程中尽量到正规商家消费，尽量选择自己熟悉或信誉度高且适合自己需要的商品；应当养成科学、合理的消费习惯，身边那些挥金如土、炫耀摆阔的畸形消费，应主动抵制批评。

【博士点睛台】

消费者权利不容侵犯，消费者义务必须履行！

【实践拓展营】

　　近些年来，"职业打假人"不断
活跃在媒体和社会公众眼中，他们往
往具有丰富的法律知识和上诉经验，
为获得经济赔偿，针对制假、售假、

不合格产品包装、说明等行为进行打假活动。请你采访或走访一
位当地的"职业打假人"，探讨如何有效打击假冒伪劣产品，还
市场一片净土。

第十二讲

美丽中国　人人有责

12.1　绿色生产　保护环境

——绿水青山就是金山银山

【典案故事会】

恶意排污　刑责难逃

多年以来，甲公司在排污许可证已到期，废水处理措施未经环境影响评估，未经申报登记、验收的情况下，擅自在厂区外沙漠采用"石灰中和法"处置工业废水。廉某接任该公司法定代表人，负责公司的全面工作并决定继续使用"石灰中和法"处置工业废水。

媒体曝光后，该企业被责令停产。至此，该起偷排污水案件终于浮出水面。经环境监测中心站对现场废水取样检测认定，废水中多项监测因子超过国家排放标准数倍，对环境造成的破坏难以估量。案发后，甲公司为防止污染扩大，及时采取措施，消除污染，并支付因采取合理必要措施所产生的费用60余万元。案发后，当地环保组织已向人民法院提起公益诉讼，甲公司及廉某涉嫌环境污染罪已被刑事拘留。

建筑垃圾　如此填埋

个体户王某承包了某物流园用地回填工程。该填埋场周围广泛分布着河流、村庄、农田，人口稠密，农业发达。

受巨额利益诱惑，王某在明知该物流园用地不具备生活

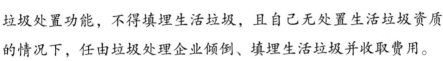

垃圾处置功能，不得填埋生活垃圾，且自己无处置生活垃圾资质的情况下，任由垃圾处理企业倾倒、填埋生活垃圾并收取费用。

不具备生活垃圾填埋功能的该地块被填埋了大量生活垃圾，水渠、农田、水井中的水都出现了恶臭，河中飘起了大量死鱼、死虾。村民生产、生活受到极大影响。村民们将王某起诉至人民法院。经评估，王某、李某填埋生活垃圾造成公私财产损失合计人民币约120万元。最终，法院以污染环境罪判处被告人王某有期徒刑五年，并处罚金人民币二十万元。

危险固废 依法处置

A 企业是具有处置危险废物资质的企业，其许可经营项目为该市范围内医药废物、有机溶剂废物、废矿物油、感光

材料废物等危险废物和医疗废物的收集、贮存、处置。环保越来越受到重视，该企业也开足马力运转，但仍无法满足市场需求。

受利益驱使，该企业法人施某在明知 B 企业没有危险废物处理资质的情况下仍指使、授意下属将该中心收集的危险废物共计 5950 余吨交由其处置，从中牟取差价。随后，B 企业将危险废物随意倾倒。

当地环保组织发现 B 企业的违法行为后向法院提起了公益诉讼。法院判决被告废物处置中心有限公司犯污染环境罪，判处罚金人民币四十万元；被告人施某犯污染环境罪，判处有期徒刑三年十个月，并处罚金人民币十五万元，与其所犯行贿罪判处的刑罚并罚，决定执行有期徒刑六年三个月，并处罚金人民币二十五万元。

【合作探究园】

你赞同哪一种说法呢？为什么？

1. 绿水青山与我们的生活息息相关，凡是会带来环境污染的我们都应当清除。

2. 环保问题很严峻，但经济发展过程中带来的环境污染是无法避免的，绿水青山固然重要，金山银山也必不可少！环境问题不必大惊小怪，船到桥头自然直。

3. 绿水青山就是金山银山。我们应当统筹好经济社会的发展与环境保护！

【法官评析场】

以上三个案例涉及企业为牟取不正当经济利益，大肆破坏环境的问题。我国相关法律法规为打击破坏环境活动，保护环境提供了法律保障。

案例一中甲公司违反国家有关环境保护的规定，非法排放、处置有毒物质，严重污染环境；廉某系被告单位直接负责的主管人员，对污染环境的行为负有直接责任；甲公司和廉某的行为均已触犯刑律，构成污染环境罪。甲公司排污时间相对较长，且在排放污染物许可证到期后，仍非法排污，严重污染环境，结合甲公司的具体犯罪事实，决定对其判处罚金人民币五百万元。廉某犯污染环境罪，判处有期徒刑一年六个月，缓刑二年，并处罚金人民币五万元。

案例二中王某明知涉案物流园用地不具备生活垃圾处置功能，为获取暴利，违法倾倒、填埋生活垃圾，造成公私财产重大损失。其行为构成污染环境罪，且属"后果特别严重"。据此，以污染环境罪判处被告人王某有期徒刑五年，并处罚金人民币二十万元；

李某有期徒刑三年六个月，并处罚金人民币十万元。

案例三中废物处置中心有限公司违反国家规定，处置危险废物，严重污染环境。被告人施某系被告单位直接负责的主管人员，指使、授意或者同意其下属经营管理人员实施上述行为。被告单位和被告人的行为均已构成污染环境罪，且属"后果特别严重"。法院判决被告废物处置中心有限公司、被告人施某犯污染环境罪。

保护环境是我国的基本国策，也是中华民族的千秋大业。绿水青山需要国家的巨大投入，更需要我们每个人遵纪守法，与破坏环境的行为作斗争，为绿水青山尽我们的一份力量。

【法律知识库】

《宪法》

　　矿藏、水流、森林、山岭、草原、荒地、滩涂等自然资源，都属于国家所有，即全民所有；由法律规定属于集体所有的森林和山岭、草原、荒地、滩涂除外。国家保障自然资源的合理利用，保护珍贵的动物和植物。禁止任何组织或者个人用任何手段侵占或者破坏自然资源。

　　第二十六条　国家保护和改善生活环境和生态环境，防治污染和其他公害。

《环境保护法》

　　第六条　一切单位和个人都有保护环境的义务。

　　地方各级人民政府应当对本行政区域的环境质量负责。

企业事业单位和其他生产经营者应当防止、减少环境污染和生态破坏，对所造成的损害依法承担责任。

第四十二条　排放污染物的企业事业单位和其他生产经营者，应当采取措施，防治在生产建设或者其他活动中产生的废气、废水、废渣、医疗废物、粉尘、恶臭气体、放射性物质以及噪声、振动、光辐射、电磁辐射等对环境的污染和危害。

《刑法》

第三百三十八条　违反国家规定，向土地、水体、大气排放、倾倒或者处置有放射性的废物、含传染病病原体的废物、有毒物质或者其他危险废物，造成重大环境污染事故，致使公私财产遭受重大损失或者人身伤亡的严重后果的，处三年以下有期徒刑或者拘役，并处或者单处罚金；后果特别严重的，处三年以上七年以下有期徒刑，并处罚金。

【博士点睛台】

保护环境，功在当代，利在千秋！

【实践拓展营】

为建设美丽校园，增强同学们的环保意识，提高社会参与能力，请你组织同学们开展一次校园环保实践活动。请你根据实际情况选择实践活动方式和预期活动成果呈现方式（打 ☑，可多选），并根据选择开展活动。

◆ **活动方式**

☐ 校园调查：问卷调查学校公共区域环境卫生问题。
☐ 校园走访：走访打扫公共区域卫生的同学、物管工作人员。
☐ 校园实践：亲身体会物管工作人员、清洁工维护清洁卫生的工作。

◆ **活动成果**

☐ 提出意见：就调查结果为学校环保工作提出可行的意见。
☐ 调查报告：形成综合性调研报告。
☐ 撰写论文：对校园环保建设进行深层次研究。

12.2 爱护家园 环保生活

——今天你"绿色"了吗？

【典案故事会】

"掏鸟"获刑

大学生闫某暑假回老家农村避暑。一天，他和朋友王某去河边游泳时，在邻居家门口附近的树上发现鸟窝，于是二人找来梯子，攀爬上树掏了一个鸟窝，捕获 12 只小鸟。饲养过程中，一只小鸟逃跑，一只小鸟死亡。几天后，闫某将鸟的照片上传到朋友圈和 QQ 群，有网友愿意出钱购买小鸟。他将小鸟以 1100 元的价格卖给了网友。

不久后，二人又掏了一鸟窝，抓获 4 只鸟。闫某刚把鸟儿拿到家，就被森林公安民警抓获。

法院一审判决，认定他们掏的鸟是国家二级保护动物燕隼，犯非法收购、猎捕珍贵、濒危野生动物罪。闫某因此获刑 10 年半，并处罚金 10000 元。

"采花"涉罚

秦某是河南省某县一普通农民，一天干活回家，发现农田附近的小山坡上有几颗类似兰草的"野草"，"顺手"采了3株，被森林民警查获。经鉴定，秦某采挖的野草系兰属中的蕙兰，属于国家重点保护植物。秦某因非法盗采珍稀植物被公安机关行政拘留7天。

事后不久，该县检察院检察官获悉案情，认为秦某的行为已涉嫌非法采伐国家重点保护植物罪，应作为刑事案件立案侦查。县森林公安局根据检察院的要求和建议，依法对秦某立案侦查，并顺利移送起诉。

法院以秦某犯非法采伐国家重点保护植物罪判处其有期徒刑3年，缓刑3年，并处罚金3000元。"无意"间采挖3株"野草"就构成犯罪，秦某的思想受到了极大震动，当地群众也受到了深刻的法治教育。

"绿色"出行

"十面霾伏"，令人窒息，民众苦不堪言。一位行为艺术家甚至放出蓝色烟雾，试图"染"蓝天空。事虽"荒诞"，却有道不出的辛酸。

中央音乐学院声乐歌剧系教授、

硕士研究生导师，第十一届、第十二届全国人大代表——吴碧霞，则以另一种方式呼唤蓝天白云。

近几年来，她因骑车参加"两会"而引人瞩目。2017 年 3 月，吴教授骑着共享单车"赴会"。自备折叠自行车换成了"共享单车"，但不变的是"绿色出行"。这是她第六次骑自行车参会，问起骑车感受，她答道："畅通无阻，天高云淡，身心愉快。"有人觉得她的行动能吸引公众关注，是"行为艺术"，对大气污染治理有积极的示范意义。其实这也是吴教授的生活方式，从家到单位相距6公里，她每天骑车一个多小时上下班。吴教授就是"知行合一"的"绿色出行达人"。

【合作探究园】

阅读学完以上故事后，在同学们的讨论中主要出现了以下三种具有代表性的观点：

✦ 大学生随手掏一鸟窝获有期徒刑10年半，小题大做，判得过重。

✦ 不知者不罪，"无意"间采挖3株"野草"，不应认定为犯罪。

✦ 我们不需要作秀的"行为艺术"，只需要"知行合一"的环保达人。

请你选择其中一种观点，谈谈你的认识。

【法官评析场】

以上三个案例涉及保护珍稀动植物，环保绿色生活等生态建设问题，我国宪法和法律为建设美丽中国提供了法律依据和保障。

案例一中闫某"掏鸟"获刑，最初，人们的印象是"熊孩子上树掏鸟却被判了 10 年半"。然而，上树的不是未成年的熊孩子，而是有知识、有文化的成年大学生，被掏的也不是普通小鸟，而是国家二级保护动物。更重要的是，这两个非法猎捕、出售濒危野生动物的人，并非不懂鸟也不懂法的傻孩子，他们在网上卖鸟的时候出售信息标明了"鹰隼"二字，而且被讯问时，二人都承认，知道这种动物受国家保护，也知道自己的行为是违法的，只是不知道后果有多严重。现在，他们终于知道了后果的严重性。非法捕猎、杀害珍贵、濒危野生动物，非法收购、运输、出售珍贵、濒危野生动物，轻则违法，重则犯罪。"大学生掏鸟案"留给我们无限的思考。

无独有偶，案例二中秦某私挖的 3 株野生蕙兰不是一般的野生植物，而是联合国《濒危野生动植物种国际贸易公约》中的保护物种。被告人秦某违反国家规定，非法采挖国家重点保护植物蕙兰，其行为已构成非法采伐国家重点保护植物罪。公民如果法律意识淡薄，"一不小心"就可能犯罪。该案案情和法院判决经媒体报道后，引发社会热议。巨大的经济利益是野生兰科植物遭到破坏的主要原因。野生兰花被誉为"植物界的大熊猫"，具有较高的经济价值和观赏价值。近年来，兰花市价一路飙升，在高额利润的刺激下，私采野生兰花禁而不止。有关部门必须加快制定兰科植物保护法规，管住市场，禁止野外采挖，加强出口监管。"掏鸟获刑"，"采花涉罪"，我们应从中吸取教训，做学法、懂法、守法的好公民。

案例三中绿色出行达人吴碧霞教授"知行合一"，身体力行，为我们树立了绿色出行、低碳生活标杆。眼下，"十面霾伏"已成为我们的心肺之患。治理雾霾、改善生态环境是大家的共同责任，与其坐而论道、声声"霾怨"，莫如知耻后勇、从简单小事做起，同呼吸、共奋斗，一起守望蓝天，一起呵护家园。大气污染说到底是人的非理性活动造成的，解决这个问题既需要政府主导，也需要人人参与。倡导绿色出行、绿色消费、绿色公益，争做绿色环保志愿者，已经不仅仅是一个口号，一种理念，而是一份责任，一种行动。同学们，今天你"绿色"了吗？

【法律知识库】

《野生动物保护法》

第八条　国家保护野生动物及其生存环境，禁止任何单位和个人非法猎捕或者破坏。

《刑法》

第三百四十一条　非法猎捕、杀害国家重点保护的珍贵、濒危野生动物的，或者非法收购、运输、出售国家重点保护的珍贵、濒危野生动物及其制品的，处五年以下有期徒刑或者拘役，并处罚金；情节严重的，处五年以上十年以下有期徒刑，并处罚金；情节特别严重的，处十年以上有期徒刑，并处罚金或者没收财产。违反狩猎法规，在禁猎区、禁猎期或者使用禁用的工具、方法进行狩猎，破坏野生动物资源，情节严重的，处三年以下有期徒刑、拘役、管制或者罚金。

《野生植物保护条例》

第七条　任何单位和个人都有保护野生植物资源的义务。

第十六条　禁止采集国家一级保护野生植物。

《刑法》

第三百四十四条　违反森林法的规定，非法采伐、毁坏珍贵树木或者国家重点保护的其他植物的，或者非法收购、运输、加工出售珍贵树木或者国家重点保护的其他植物及其制品的，处三年以下有期徒刑、拘役或者管制，并处罚金；情节严重的，处三年以上七年以下有期徒刑，并处罚金。

《加快推进绿色循环低碳交通运输发展指导意见》

积极倡导公众采用公共交通、自行车和步行等绿色出行方式。合理布局公共自行车配置站点，方便公众使用，减少公众机动化出行。

加大宣传教育与培训力度，将绿色循环低碳发展纳入重大主题宣传内容，培育绿色循环低碳交通运输文化，使绿色循环低碳发展成为全行业和社会公众的自觉行动。

【博士点睛台】

善待自然，呵护家园！

【实践拓展营】

绿色出行，低碳生活，越来越多的市民爱上了"135"出行方式——即"1公里步行，3公里骑行，5公里公交"。请你组织同学们积极践行"135"出行活动，并为"135"绿色出行活动拟写两条宣传标语。

标语1：

标语2：

第五编 安全篇

第十三讲

学会选择　拒绝诱惑

13.1　健康上网　远离网瘾

——都是网瘾惹的祸

【典案故事会】

无边的"黑洞"

——网瘾

小张从小天资聪颖，在学业成绩上远超同龄人。2003 年，小张考入北京大学，但第二年他却被北大勒令退学。原来，小张在北大学习期间，迷上了上网打游戏，有时甚至直接住在网吧里，一个月都见不到人，以致几科都需要补考，学分达不到北大的要求。2005 年，复读一年的小张以该市理科状元的身份被清华大学录取。没想到，一年之后他再度因沉迷网络、耽误学业而被勒令退学。

2007 年，小张仅复读三个月便以该市理科亚军的身份再次考入清华。这一次，他痛定思痛，下定决心远离网络、潜心学习，一度成为全系第一名。后来，一段不成功的恋爱令小张异常痛苦，当这种痛苦无法排解的时候，他又一次选择了虚拟世界。然而这一次，他再也没能从网瘾的黑洞中挣脱出来。

"游戏"人生

张军（化名）又被公司开除了，原因和之前一样——熬夜玩网络游戏而耽误工作。张军在初一时接触到网游，从课后偷偷摸摸玩到逃课泡在网吧里明目张胆地玩，不过短短两个月的时间。沉迷网游导致张军的学习一落千丈，中考成绩一塌糊涂，最后只好上了一所职业高中。

去年他从职高毕业了，父母费了九牛二虎之力才给他找了份工作。但他仍然每天玩网游直到第二天凌晨，两三个小时后便睡眼惺忪地赶去上班，结果经常迟到，工作时又总是心不在焉、频频出错，没过几天就被开除了。在接下来的半年时间里，他连丢3 份工作。

母亲恨铁不成钢地说："看着他沉迷网游不能自拔，我的心都凉了。"张军也很无奈，"我也想戒掉网瘾，但是根本没法控制自己啊。"

网瘾"老男孩"

王大爷今年 70 岁，是一名资深"网游"专家。他经常跟老伙计们说："适当上网，有助于预防老年痴呆症。"一开始，王大爷每天只在下午玩两个小时象棋。随着电脑技术的提高，

他玩的时间越来越长，玩的游戏也从象棋、纸牌进阶为时下年轻人最喜欢的"英雄联盟"和"穿越火线"。

后来，电脑在长期"工作"之后终于"瘫痪"了。在修电脑的两天时间里，王大爷急得抓心挠肝，吃不下、睡不着，每天都要给修理师傅打四五个电话。电脑修好之后，王大爷玩得更"疯狂"了，每天夜里挑灯奋战，常常玩到半夜一两点钟，最近甚至通宵达旦地玩。王大爷身心疲惫，眼睛酸，脖子疼，好几年没犯过的高血压又复发了。儿女们吓坏了，赶紧"拿下"了他的电脑。

【合作探究园】

下面是一份《初中生网络使用情况问卷调查表》，根据问题描述，选出符合你实际情况的选项。问卷完成之后，全班同学进行交流。

问题描述	你的选择
1. 你初次接触网络的时间是： A. 小学之前　B. 小学阶段　C. 初中阶段	
2. 你使用的上网设备有（可以多选）： A. 智能手机　B. 台式电脑　C. 平板电脑　D. 笔记本电脑 E. 智能电视　F. 其他	
3. 你上网的时间是（可以多选）： A. 早晨起床后　B. 课间休息时间　C. 上学、放学路上 D. 午饭后的休息时间　E. 晚饭后的休息时间 F. 临睡觉前	
4. 你上网的目的是（可以多选）： A. 看视频　B. 听音乐　C. 玩游戏　D. 聊天 E. 发布图文或视频　F. 搜索资料　G. 看新闻 H. 购物　I. 学习网络课程　J. 阅读	
5. 你是否同意"使用网络有利于培养兴趣"的观点： A. 非常同意　B. 同意　C. 一般　D. 不同意 E. 非常不同意	
6. 你是否同意"使用网络有利于扩大视野"的观点： A. 非常同意　B. 同意　C. 一般　D. 不同意 E. 非常不同意	
7. 你是否同意"使用网络有利于便利消费"的观点： A. 非常同意　B. 同意　C. 一般　D. 不同意 E. 非常不同意	
8. 你对网络的喜好程度是： A. 非常喜欢　B. 喜欢　C. 一般　D. 不太喜欢 E. 非常不喜欢	
9. 你对网络的依赖程度是（可以多选）： A. 有空闲时间就想上网　B. 遇到问题时想上网 C. 一旦上网就不想离开　D. 上网时间比预计时间长 E. 当不得不离开网络时心情会变坏	
10. 你在网络上接触到不良信息的频率是： A. 经常接触到　B. 几乎每次上网都会接触到 C. 比较少接触到　D. 很罕见	

【法官评析场】

上述三个案例是由于网络成瘾而分别引起的荒废学业、贻误工作和损害健康的事例。

案例一中，"天才少年"小张"三进三出"于国内顶尖学府的经历令人唏嘘不已。此时，他的那些同龄同学们有的出国进修、有的国内深造、有的已经成家立业，而他却把这几年美好的青春时光浪费在了与网络游戏反反复复的纠缠之中。其实，高校当中不乏网瘾大学生的存在。部分学生过度沉迷于网络和游戏导致成绩下降、考试挂科、内向自卑、与家人老师对抗、退缩封闭、逃避现实，甚至出现社交恐惧症及其他心理问题。大学生已成年，应该学会对自己的行为负责。大学教育也应该反思，不仅要关注学生的学分，还要教会学生自理、自控。2017 年 7 月，教育部印发了新版《普通高等学校健康教育指导纲要》。该纲要顺应时代变化，新增了大学生网瘾、抑郁症等问题。

案例二中，张军呈现出明显的网瘾"症状"，由于沉迷网络游戏而放弃了学业、事业，甚至是今后的人生。近年来，青少年沉迷于网游的趋势愈演愈烈。为阻止未成年人过度游戏，社会各界进行了多种探索。2017 年 1 月 6 日，国家法制办公布了《未成年人网络保护条例（送审稿）》全文，向全社会征求意见。送审稿第 23 条规定，"禁止未成年人在每日的 0：00 至 8：00 期间使用网络游戏服务"。该"宵禁制度"对于加强未成年人游戏时间的管控、防止未成年人沉迷游戏而言，是一个美好的憧憬；然而制度的切实落地，还得依赖于网游实名注册、未成年人身份识别等相关制度的有效实施，否则难以达到理想的效果。

案例三中的王大爷让我们不禁诧异——原来，除了"网瘾少年"，还有"网瘾老人"。实际上，网瘾已非青少年的专属，越来越多的中老年人开始沉迷网络，甚至比"网瘾少年"更叫人头疼。老年人退休之后，生活的重心转移到家庭当中，有着充足的空闲时间。网络带来的便捷与快乐令他们如获至宝。作为家中尊长，子女也不便约束。这些都为老年人网瘾的野蛮生长提供了肥沃的土壤。但是，老年人身体脆弱，长时间盯着屏幕容易诱发多种眼疾，而久坐易引起腰、颈椎等部位的损伤，还容易引发血栓等疾病。因此，老年人使用网络时要注意节制，不能长时间连续使用，每次尽量不要超过半小时；使用一段时间后可起来活动一下；切忌晚上关灯后盯着屏幕。

网络游戏具有丰富生活、愉悦身心、调节情绪的功能，但是过度沉迷网络游戏会影响身心健康、耽误学习、甚至造成家庭失和。青少年在繁忙的学习之余，可以适当地玩网络游戏，但应理性对待、加强自律、合理安排作息时间。

【法律知识库】

《未成年人保护法》

　　第三十三条　国家采取措施，预防未成年人沉迷网络。

　　国家鼓励研究开发有利于未成年人健康成长的网络产品，推广用于阻止未成年人沉迷网络的新技术。

《网络游戏管理暂行办法》

　　第十六条　网络游戏经营单位应当根据网络游戏的内容、功能和适用人群，制定网络游戏用户指引和警示说明，并在网站和网络游戏的显著位置予以标明。

　　……

　　网络游戏经营单位应当按照国家规定，采取技术措施，禁止未成年人接触不适宜的游戏或者游戏功能，限制未成年人的游戏时间，预防未成年人沉迷网络。

《互联网视听节目服务管理规定》

　　第十六条　互联网视听节目服务单位提供的、网络运营单位接入的视听节目应当符合法律、行政法规、部门规章的规定。已播出的视听节目应至少完整保留60日。视听节目不得含有以下内容：

　　（七）诱导未成年人违法犯罪和渲染暴力、色情、赌博、恐怖活动的；

【博士点睛台】

　　青春真实而短暂，网络虚幻而无限。远离网络，拒绝诱惑；拥抱青春，健康成长！

【实践拓展营】

1. 网络成瘾不仅影响身心健康，还会使人荒废学业、贻误工作、家庭失和。请以"正确选择，理性上网"为主题写一份倡议书，向全校同学发出倡议。

温馨提示：
1.倡议书一般由标题、称呼、正文、结尾、落款五部分组成。
2.正文应包括两部分内容：一是写倡议书的背景、原因和目的，二是倡议的具体内容和要求。

2. 科幻影片《头号玩家》讲述了在 2045 年，现实世界逐渐破败不堪，人们沉迷于虚拟现实游戏"绿洲（OASIS）"这一虚拟世界的故事，探讨了环境恶化、贫富悬殊、娱乐至死等问题。请欣赏影片，思考上述问题，与同学交流讨论。

13.2 珍爱生命 拒绝毒品

——被"毒魔"吞噬的人生

【典案故事会】

"温柔"的杀手
——笑气

　　小菲初中时就被父母送到美国留学。一年前，朋友间流行起了"吹气球"，小菲按捺不住强烈的好奇心，买了几盒气弹尝试了一下，没想到从此就彻底沦陷了。

　　"吹气球"是指吸食一种名叫一氧化二氮（N_2O）、俗称"笑气"（Laughing gas）的气体。把"笑气"打进气球，然后气球口放气，经口鼻吸入，这个过程被称为"打气球"或"吹气球"。这种略带甜味、凉丝丝的气体，会让吸入者有短暂的欣快感，但过量吸食会对身体造成难以估量的危害。

　　最终，父母从美国接回了小菲。此时的她，坐在轮椅上，身上满是伤口，体重激增五十斤，高血压、心肌肥大、下半身重度肌无力、大小便失禁。但她依然是幸运的——休养半年，她应该能独立行走，而她的朋友小宇则已被医院"宣判"为终身残疾。

"有毒"的偶像

某青年嘻哈歌手在一档全国热播的歌唱节目中获得全国总冠军，红极一时。然而，有网友发现，在该歌手的一首热门单曲中有几句歌词，描述了十分详细的吸毒过程，引起众

多网友的强烈不满。该歌手随后表示之所以写出这些歌词，是因为自己早年接触嘻哈文化时受到黑人音乐文化的影响。

随后，又有网友举报：在国际禁毒日那天，该歌手发布了一张疑似本人手持大麻的照片，并喊话网友"约吗"。该歌手立即诚恳道歉，但是他的粉丝们却在各大主流媒体的公共舆论平台上叫嚣："吸大麻违法吗？国外都可以吸，凭什么到中国就不能吸了啊？"

一时之间，网络上群情激奋，许多人抨击该歌手没态度、没原则、没人品、没底线，在玩火自焚的道路上一路疾驰，最终注定会身败名裂。

"绝命毒师"制售"丧尸药"

张某原是某著名高校的一名化学教授。2008 年，张某与他人合伙注册公司，以研制医药为掩护，非法生产精神类药品亚甲二氧基甲卡西酮。该药

品在业内被称为"4号产品"，在欧美又俗称"浴盐""丧尸药"。这是一种新型精神毒品，具有很强的致幻性，人吸食后会产生幻觉，容易导致急性健康问题。经常吸食或者吸食过量，会形成毒品依赖、造成不可逆转的脑损伤、甚至导致死亡。因此，该药品被欧美国家明令禁止。2014年1月1日，我国也将其列入了国家管制类精神药品目录。

张某等人通过快递"化名邮包"的形式将药品销往英、美、澳等国家，还用比特币等网络货币收款以逃避打击。2015年6月，当地海关联合公安部门，成功抓获张某等8名犯罪嫌疑人。

【合作探究园】

学习了以上三个案例之后，同学们对毒品问题展开了激烈的辩论。请你和同学们一起，在以下三个辩题当中选择一个，开展辩论。

辩题1: 学生吸毒应该开除吗？	辩题2: 禁毒工作中禁贩更重要还是禁吸更重要？	辩题3: 发现好朋友吸毒应主动报警还是帮助隐瞒？
• 正方：学生吸毒应该开除 • 反方：学生吸毒不应该开除	• 正方：禁毒工作中禁贩更重要 • 反方：禁毒工作中禁吸更重要	• 正方：发现好朋友吸毒应主动报警 • 反方：发现好朋友吸毒应帮助隐瞒

【法官评析场】

以上三个案例涉及吸毒、教唆吸毒、制毒贩毒的问题。依据《禁毒法》，所谓毒品，"是指鸦片、海洛因、甲基苯丙胺（冰毒）、吗啡、大麻、可卡因，以及国家规定管制的其他能够使人形成瘾癖的麻醉药品和精神药品。"在我国，吸毒违法，贩毒有罪。

案例一中的一氧化二氮（N_2O），也称"笑气"（Laughing gas），可用于麻醉手术和奶油发泡，但长期吸食"笑气"会导致智力下降、视听功能障碍，使人四肢麻木、行走困难，吸食者还可能因缺氧而昏迷甚至死亡。在 2016 年世界滥用物质排行榜上，

"笑气"挤进前十，和大麻、摇头丸、可卡因等，成为世界范围内十大毒品之一。实际上，在我国，"笑气"并不是法定的新型毒品，也未被列入《麻醉药片及精神药品品种目录》。在美国也是同样的情况，"笑气"在制度上和市场上，都处于缺乏管控的状态。因此，家长在孩子出国前一定要向孩子强调毒品的危害，以防出国之后被他人骗食。留学生们应珍惜出国进修的机会，学会照顾自己，选择跑步健身等合理方式来纾解情绪。

案例二中，该歌手的行为已经涉嫌引诱、教唆他人吸毒。更严重的是，他的粉丝大多是年龄不大的"90 后"和尚未成年的"00 后"，我国法律对于引诱、教唆未成年人吸毒的，从重处罚。回顾嘻哈的发展历程，黑人族裔由于遭受严重的社会不公，被迫聚集在脏乱差的黑人社区里，用毒品和暴力来挥洒残酷青春，用嘻哈来宣泄愤怒与无奈。但是放眼全球，语言低俗、宣扬吸毒的嘻哈无一例外地受到世界各国的抵制。该歌手不能忽视自己作为一个公众人物所应承担的社会责任，一定要注意自己的言行举止

和各类作品，积极树立公共标杆，给青年人以正确的引导。但法治社会不容任性，请还我们一个健康、清朗的文化环境！青少年也应明辨是非、择善而从，远离不良偶像。

案例三中，张某在利益的驱使下与人合伙开办"制毒工厂"，从大学教授变身为电视剧中的"绝命毒师"，最终沦为阶下囚。从老师到毒贩，从好人到罪犯，差别可能只在一念之间，但标准从不含混。张某生产的"丧尸药"属于第三代毒品，即"新精神活性物质"。"新精神活性物质"也被称为"策划药"或"实验室毒品"，是专为躲避法律和毒品管制机制而研发的，研制、生产的速度很快，周期很短。但是，由于相应监管立法过程较长，法律监管始终处于滞后状态，多属毒品管制目录的"真空区域"。国家应抓紧组建新精神活性物质管制专家委员会，加快列管进程，加快制定已列管新精神活性物质的定罪量刑数量标准。公民应提高识毒、拒毒、防毒的意识和能力，洁身自好、远离毒品。

【法律知识库】

《刑法》

第三百五十条　【非法生产、买卖、运输制毒物品、走私制毒物品罪】违反国家规定，非法生产、买卖、运输醋酸酐、乙醚、三氯甲烷或者其他用于制造毒品的原料、配剂，或者携带上述物品进出境，情节较重的，处三年以下有期徒刑、拘役或者管制，并处罚金；情节严重的，处三年以上七年以下有期徒刑，并处罚金；情节特别严重的，处七年以上有期徒刑，并处罚金或者没收财产。

第三百五十三条　【引诱、教唆、欺骗他人吸毒罪；强迫他人吸毒罪】引诱、教唆、欺骗他人吸食、注射毒品的，处三年以下有期徒刑、拘役或者管制，并处罚金；情节严重的，处三年以上七年以下有期徒刑，并处罚金。

强迫他人吸食、注射毒品的，处三年以上十年以下有期徒刑，并处罚金。

引诱、教唆、欺骗或者强迫未成年人吸食、注射毒品的，从重处罚。

《治安管理处罚法》

第七十二条　有下列行为之一的，处十日以上十五日以下拘留，可以并处二千元以下罚款；情节较轻的，处五日以下拘留或者五百元以下罚款：

（一）非法持有鸦片不满二百克、海洛因或者甲基苯丙胺不满十克或者其他少量毒品的；

（二）向他人提供毒品的；

（三）吸食、注射毒品的；

（四）胁迫、欺骗医务人员开具麻醉药品、精神药品的。

第七十三条　教唆、引诱、欺骗他人吸食、注射毒品的，处十日以上十五日以下拘留，并处五百元以上二千元以下罚款。

《禁毒法》

第十八条　未成年人的父母或者其他监护人应当对未成年人进行毒品危害的教育，防止其吸食、注射毒品或者进行其他毒品违法犯罪活动。

第二十一条　国家对麻醉药品和精神药品实行管制，对麻醉药品和精神药品的实验研究、生产、经营、使用、储存、运输实行许可和查验制度。

国家对易制毒化学品的生产、经营、购买、运输实行许可制度。

禁止非法生产、买卖、运输、储存、提供、持有、使用麻醉药品、精神药品和易制毒化学品。

【博士点睛台】

吸毒违法，贩毒有罪；璀璨人生，无毒无悔。毒品毒品快走开，不要侵扰孩子们的成长！

【实践拓展营】

1. 每年 6 月 26 日是国际禁毒日（International Day Against Drug Abuse and Illicit Trafficking）。国际禁毒日从 1992 年起每年都有一个活动主题，以号召全球人民共同解决毒品问题。例如：2015－2017 年的主题分别是：

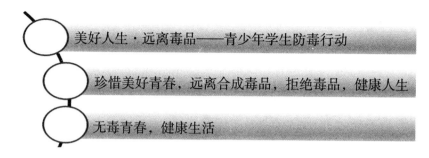

美好人生·远离毒品——青少年学生防毒行动

珍惜美好青春，远离合成毒品，拒绝毒品，健康人生

无毒青春，健康生活

请以"珍爱生命，拒绝毒品"为主题，设计一句宣传标语，与同学进行交流，并记录两条优秀标语。

你的标语：

同学的标语1：

同学的标语2：

2. 禁毒影片《湄公河行动》改编自 2011 年"10·5 湄公河案件"，观看影片，并谈谈你的感受。

第十四讲

自防自护　自我保护

14.1　灾害自救　减少损失
——"逃生"的学问

【典案故事会】

厉害了，小英雄

2018 年 1 月 20 日晚，山东青岛公安消防支队接到一个报警电话。报警人是第六十三中学初二学生，14 岁男孩崔永信。

当天晚上，小崔放学回家时，闻到楼道里有股特殊的煳

味。他回家放下书包，就从顶楼六楼开始挨家挨户敲门。在敲到三楼时，煳味明显并发现厨房有浓烟，他赶紧拨打 119，并将楼里邻居都叫出疏散。随后，他通过车牌号联系到了屋主刘先生，

又到小区南门接应火警。刘先生及时赶到，用钥匙打开了房门，消防人员迅速控制火情。原来，刘先生正在蒸包子，临时外出办事，忘关煤气灶，导致锅都被烧化了。

两天后，刘先生来到崔永信的学校，为他送上一面锦旗——"机智勇敢，化险为夷"。直到这时，老师和同学们才知道他做的这件好事。

点赞，细心村民

2017 年 7 月 5 日晚，由于连续的强降雨，云南怒江州贡山县普拉底乡腊早村突发大面积泥石流。短时间内近 6000 方的泥石流堆积物几乎塞满了整个村庄，并将福贡通往贡山的交通截断。幸运的是，全村 180 多人全都安然无恙。

原来，事发当晚正当夜幕降临之际，一位细心的村民发现腊早河突然断流，村后山上乌云密布，加之近日连续强降雨，他很快意识到这是泥石流的前兆，立即将情况上报到村委会。村委会又逐级上报至县政府，并在同一时间组织疏散了河道两边的村民。刚做完上述准备工作，顷刻之间，一股泥石流从腊早河上游倾泻而下，冲入村内将路面掩埋。昔日宁静祥和的村庄在经受泥石流的冲击后变得满目疮痍。

感恩，"最牛校长"

2008 年汶川大地震已经过去多年，但历史的记忆并没有褪色。四川绵阳安县桑枣中学校长叶志平，人称"最牛校长"，曾带给我们无限感动。

叶志平从 1997 年起多次将学校一栋没有验收的教学楼加固，从 2005 年起每学期在全校组织一次紧急疏散演习。汶川大地震发生前，他刚花 40 多万加固了教学楼。

地震发生时，他不在学校。全校两千多名师生按照习以为常的疏散方式，从各间教室有序冲到操场，按照班级进行站队，教师们则站在最外圈保护学生。整个过程仅用时 1 分 36 秒。

2011 年，叶志平因操劳过度，突发脑溢血去世。同事们感慨说："叶校长什么都防到了，就是没有防到自己的健康问题。"

【合作探究园】

在火灾、泥石流、地震等灾害面前，人类实在太过弱小。但是，随着科学技术的进步，人们制造出先进的机器设备来尽可能地减少灾害所造成的人、财、物损失。例如，2015 年湖南大学研究生范石钟设计出一款"生命滑梯（Life Slide）"，高层救援时，人们只需要像玩滑梯一样从高楼中滑下来即可。

请你发挥天马行空的想象，设计几款防灾、减灾设备，与全班同学分享你的设计。

设计一

名称：
设计思路

设计二

名称：
设计思路

设计三

名称：
设计思路

【法官评析场】

以上三个案例涉及火灾、泥石流、地震时的安全保护问题。

"自古英雄出少年"，案例一中，崔永信机智救火的事迹获得各方点赞，校长授予他"勇敢机智好少年"的荣誉称号，号召全校同学学习他勇于担当、心细入微，临危不惧、勇敢果断，舍己为人、机智执着，默默无闻、助人为乐的精神，努力传播正能量。我国法律规定，任何人发现火灾都应当立即报警，任何单位和成年人都有义务参加有组织的灭火工作。从法律的角度来讲，崔永信认真履行了自己的公民义务。此事也警醒我们，应提高消防安全意识，掌握家庭防火基本常识。比如，拨打火警电话时，应讲明详细地址、起火部位、着火物质、火势大小、报警人姓名、报警电话及是否有人被困等；不能乘电梯逃生；浓烟中逃生，要尽量放低身体，用湿毛巾捂住口鼻；等等。

案例二中的泥石流地质灾害没有造成重大的人员伤亡，除了归功于细心村民的提前预警，也与当地县委、县政府的紧急救援密不可分。在我国，自然灾害救助工作实行各级人民政府行政领导负责制。县级以上地方人民政府组织、协调本行政区域的自然灾害救助工作。泥石流是一种能量巨大的自然灾害，人类还没有能力阻挡，不过在发生灾难时我们可以积极自救来避免不必要的人身伤害。泥石流来临时，应立刻向与泥石流成垂直方向两边的山坡上面跑，跑得越快、爬得越高越好。来不及奔跑时要就地抱住河岸上的树木，一定不要往泥石流的下游方向逃生，或顺着泥石流方向奔跑。泥石流发生后，千万不要饮用被污染了的水，可收集雨水饮用。

案例三中，叶志平校长被称为"最牛校长"，但他却说——"我不牛，我想做牛"。对他来说，"无论是校长还是老师，保护学生的生命永远是最重要的。这是最高的职责，也是最基本的要求。"这不仅是一位校长的职业素养，也是我国法律的要求。我国法律对学校、医院等人员密集场所的建设工程的抗震性能提出了较高要求，同时要求组织开展防震减灾知识的宣传教育，以增强公民的防震减灾意识，提高全社会的防震减灾能力。依据《国家突发公共事件总体应急预案》，突发公共事件的现场往往都在基层。第一时间、第一现场的基层干部、群众正确应对突发事件，对于战胜灾难有着至关重要的作用。如果他们镇静有序地按预案自救、互救，就可大大减少生命财产损失。"天有不测风云。"公民遇到灾害时，应保持镇定、果断采取措施保护自己，在确保自身安全的情况下，积极救助他人。

【法律知识库】

《消防法》

　　第五条　任何单位和个人都有维护消防安全、保护消防设施、预防火灾、报告火警的义务。任何单位和成年人都有参加有组织的灭火工作的义务。

　　第四十四条　任何人发现火灾都应当立即报警。任何单位、个人都应当无偿为报警提供便利，不得阻拦报警。严禁谎报火警。

《自然灾害救助条例》

　　第二条　自然灾害救助工作遵循以人为本、政府主导、分级管理、社会互助、灾民自救的原则。

　　第三条　自然灾害救助工作实行各级人民政府行政领导负责制。

　　……

《防震减灾法》

　　第七条　各级人民政府应当组织开展防震减灾知识的宣传教育，增强公民的防震减灾意识，提高全社会的防震减灾能力。

　　第八条　任何单位和个人都有依法参加防震减灾活动的义务。

　　……

【博士点睛台】

　　居安思危，思则有备，有备无患。及溺呼船，悔之不及；未雨绸缪，防患未然。

【实践拓展营】

　　自 1996 年起，我国确定每年 3 月份最后一周的星期一，为全国中小学生"安全教育日"。请以"做自己的首席安全官，我们在行动"为主题，撰写《校园安全宝典》。

操作建议：
1.内容应为针对各种校园安全隐患提出的解决措施，如：体育锻炼、集会疏散、劳动安全、教学实验、住宿安全……
2.全班分成若干小组，各小组分别完成一部分。
3.结集成册，展示交流。

14.2 沉着机智 斗智斗勇

——"防人之心不可无"

【典案故事会】

防盗暗语大揭秘

近日，一位网友在微博上告诉大家原来商场突然换歌其实是要提醒顾客：有惯偷进商场了！不少网友表示，自己也遇到过这种情况，只是每家商场换的音乐不同。也有网友戏

称，小偷会不会觉得自己自带 BGM（背景音乐），又或者觉得商场只放一首歌？

其实这种暗语并不新鲜，有时候店员也会提醒你。比如，明明没有顾客进店，店员们却一个接一个地大声喊："欢迎光临"。使用暗语最多的应该是公交车司机了。比如，有的司机特别大声地叫你往里走、不要挤，而你并没有挤；有的司机再三提醒你打卡、提醒你衣服蹭脏了一块等；还有的司机会故意打方向盘，让你站不稳——这种时候，不要怪司机车技不好，有可能他是在拯救你的手机和钱包。

优雅的使坏

今年 3 月，某重点高中高三学生家长，全部收到了来自"孩子"的短信，要家长缴纳 19800 元的补习费。多次与电信诈骗斗智斗勇的家长们，一眼就看出了不对劲，一位家长还调戏起了骗子。

"孩子，今天怎么不叫'爸比大人'，改叫'爸'了？你忘了我们在塔斯马尼亚的约定？"一听这话，骗子马上改口，"爸比大人，你帮我缴费报上名了吗？"家长回道："已经叫助手小王到楼下 ATM 机转账去了。"久久没有等到钱的骗子一阵狂催。家长已经不耐烦了，回复说："你今天很没礼貌，爸比不叫，还质问我，爸比一直在开会，怎么打电话？够了，找你妈去，钱早晚会到，我不管了。"此时的骗子，估计内心是绝望的，默默发来一个字："你……"

慧眼识人贩

2017 年中秋节的傍晚，王娟（化名）下班后坐公交车回家。这时，从后门上来一个慌慌张张的成年男子，抱着一个特别可爱的小孩，小孩红着眼睛，泪眼汪汪。不久，小孩开

始哭闹，而这名男子却用手不停地用力拍他的背，也没有说话哄小孩。天气已经入秋了，小孩却只穿了一件短袖 T 恤。这名男子也没带任何照顾小孩的辅助器材。

王娟不禁怀疑：这名男子到底是不是小孩的亲人？她偷偷拍了照片发微博给成都警察。还有两站就到终点，加之手机快要没电自动关机了，她心急如焚、坐立不安。于是，她提前下了车，拿出手机利用最后百分之一的电拨打110报警。两个小时后，警察找到了那名男子，确认小孩是被拐卖的。在这中秋团圆的日子里，因为她的帮助，避免了一个家庭的悲剧。

【合作探究园】

学习了以上三个案例之后，同学们结合最近几年愈演愈烈的电信诈骗问题，提出了几个问题，请说说你的看法。

近年来，电信诈骗案件层出不穷。你知道哪些诈骗形式？

· 方式1：
· 方式2：
· 方式3：
· ……

有的诈骗手段十分弱智，为何还是有人受骗呢？哪些人更容易上当受骗？

· 原因1：
· 原因2：
· 原因3：
· ……

由于取证困难，侦破电信诈骗并不容易。当我们遭遇电信诈骗时，如何才能防止上当受骗呢？

· 方法1：
· 方法2：
· 方法3：
· ……

【法官评析场】

以上三个案例涉及防盗、防骗、防拐的问题。

案例一中，防盗属正举，暗语富创意，温暖人心，充满正能量。我国《刑法》明确对盗窃行为定罪量刑，但前提是必须有明确证据表明犯罪事实。通常情况下，商场都有人防和技防两种"标配"措施。工作人员发现有小偷正在行窃，就会抓住小偷或通知保安并报警。但更多时候，工作人员即使觉得某人形迹可疑，在没有直接证据的情况下，也不能贸然行动，而只能婉转地提示正在购物的其他顾客。因此，一些商场会用广播发"暗语"与小偷"暗战"。应该说，风格突变的背景音乐，对商场内经营者和消费者来说多少能起到一些警示作用。但必须注意的是，花样百出的防盗暗语只能治标，治本之策却在于提高安全防范意识和完善人防技防设施。

案例二令人莞尔，"出来混，迟早是要还的"。近年来，电信诈骗案件频发，严重威胁了人们的财产安全和社会稳定。有的人在一次次与诈骗分子斗智斗勇的过程中，掌握到骗术的核心本质就是要骗取财物。他们不但一次次躲过骗子的花招，甚至反过来"调戏"骗子。不过，"调戏"骗子也是有风险的。有网友称，自己收到一条短信，本想"调戏"一下骗子，结果一回复就被定制了漫游通业务，并被扣了 30 元话费。警方提醒：面对可疑信息，再无聊再生气，也别再轻易"调戏"，惹不起但躲得起！正确的做法是：保持高度警惕，做到"不听、不看、不信、不汇款、不转账"，及时拨打110向警方咨询、举报。此外，国民反诈骗模式应从用户主动举报变为公安、运营商主动拦截防御。

案例三的主人公王娟因为一点疑心、几个细节，胆大心细、果断出击，成功避免了一个家庭的悲剧，令人肃然起敬！当前，我国拐卖儿童的违法犯罪活动依然存在。2009年，公安部建立了世界上第一个打拐DNA信息库，警方可以在较短时间内比对出丢失孩子的信息。2016年，公安部"儿童失踪信息紧急发布平台"（又称"团圆"系统）上线，这是一个基于手机端移动打拐平台，用于即时上报各地儿童失踪信息、核查信息准确性、自动推送到儿童失踪地周边人群，从而协助警方快速破案。目前，通过该平台，失踪儿童找回来的概率在96%以上。此外，"网络打拐""微博打拐"等新方式让社会力量参与"打拐"，为破案提供了很多便利。

盗窃、诈骗和拐卖都是我国法律所明令禁止的违法犯罪行为，具有严重的社会危害性。对于实施上述违法犯罪行为的人，人们普遍抱持"老鼠过街、人人喊打"的态度。但是，身处法治社会，人们应采取合法方式与这三种犯罪行为斗智斗勇。

【法律知识库】

《刑法》

第二百四十条 【拐卖妇女、儿童罪】拐卖妇女、儿童的，处五年以上十年以下有期徒刑，并处罚金……

第二百六十四条 【盗窃罪】盗窃公私财物，数额较大的，或者多次盗窃、入户盗窃、携带凶器盗窃、扒窃的，处三年以下有期徒刑、拘役或者管制，并处或者单处罚金……

第二百六十六条 【诈骗罪】诈骗公私财物，数额较大的，处三年以下有期徒刑、拘役或者管制，并处或者单处罚金；数额巨大或者有其他严重情节的，处三年以上十年以下有期徒刑，并处罚金……

《最高人民法院最高人民检察院关于办理诈骗刑事案件具体应用法律若干问题的解释》

第一条 诈骗公私财物价值三千元至一万元以上、三万元至十万元以上、五十万元以上的，应当分别认定为刑法第二百六十六条规定的"数额较大""数额巨大""数额特别巨大"。

《最高人民法院关于审理拐卖妇女儿童犯罪案件具体应用法律若干问题的解释》

第一条 对婴幼儿采取欺骗、利诱等手段使其脱离监护人或者看护人的，视为刑法第二百四十条第一款第（六）项规定的"偷盗婴幼儿"。

第二条 医疗机构、社会福利机构等单位的工作人员以非法获利为目的，将所诊疗、护理、抚养的儿童出卖给他人的，以拐卖儿童罪论处。

【博士点睛台】

偷盗、诈骗、拐卖案件频发，让很多人产生了除之而后快的心理，但是期望完全根除，并不现实。行之有效的方法是提高自己的安全防范意识。

【实践拓展营】

不想当演员的警察不是好戏精。2017 年，江苏省常州市公安局新北分局尝试和有关公司合作，由民警、辅警自己表演，创作出了网剧《民警李建国》，该剧将幽默的形式与严肃的安全防范宣传内容融为一体。该剧一经推出，便爆红网络。

1. 请观看该剧，并与同学们交流感悟。

2. 以"防人之心不可无"为主题，自编自导自演一出校园小品。

第十五讲

守法明礼　远离祸端

15.1　遵守交规　避免事故

——家人盼你平安归来

【典案故事会】

"中国好闺女"

近日，某高速交警官方微博收到一个特殊的举报——女儿向交警举报父亲开车拨打手机，并提供了车牌号和两张前一天下午拍摄的佐证照片。举报人是 23 岁的女孩小陈，她说："爸爸这个习惯很不好，家里人说了很多次他也不听，我很担心他的安全，实在没办法了。"

李警官立即报告高速交警总队进行调查核实。女孩父亲老陈一开始有点不理解，但他很快就想明白了。他说："女儿这么做是关爱、是担心，我很抱歉，今后一定会注意，开车接电话至少要戴蓝牙耳机。"

鉴于老陈已经深刻认识到自己的错误，高速交警总队做出决定，给予其警告处罚，并依据该省《高速公路有奖举报管理办法》，奖励举报人小陈100元。小陈很高兴，"正好，我可以买一副蓝牙耳机送给爸爸。"

"斗气"的代价

2015年5月，一段行车记录仪视频在网络上疯传：在某立交桥下，一名男司机将一名女司机逼停后当街殴打，整个过程触目惊心。网友们纷纷谴责该男子太过冲动、下手太重。警方初步调查后认定，男司机

王某随意拦截女司机朱某车辆，实施殴打，阻碍了交通要道，涉嫌寻衅滋事，对其实施刑事拘留。

随后，王某的行车记录仪视频也在网络上曝光：朱某驾驶前车连跨两车道变道，导致后车的王某紧急刹车。王某气急，与朱某互相追逐别道。朱某几次将王某逼出机动车道，差点儿撞上路人。王某两岁的儿子因受惊吓大哭不止。原本一致谴责男司机暴行的网络民意出现大反转，网友们又开始指责朱某违章驾驶、开

"斗气车"。

"赶时间"的送餐员

近年来，我国外卖送餐行业集中爆发。许多送餐公司为送餐员配备显眼的着装，对他们驾驶的二轮电动车进行统一标识。这成为城市里一道特别的景观。

许多人对送餐员的印象是："匆匆忙忙""争分夺秒""风驰电掣""横冲直撞""见缝插针"……为了"多送快跑"，他们穿梭于机动车和行人中间，即使遇到红灯，也舍不得减速，一溜烟就到了马路对面，更有甚者逆行、看手机、随意变道等，将自己与他人的安全置之度外，拿"生命"去送餐。

正因如此，外卖送餐员频频发生交通事故。人们有的感慨"送餐员谋生真不容易"，有的则认为送餐员无视交通规则，纯属自食其果。

【合作探究园】

1. 女孩举报父亲的事件被报道后，众多网友纷纷为小陈的行为点赞。有人说，这位父亲有个"中国好闺女"；也有人说，女儿举报父亲，违背了"亲亲相隐"（即亲人之间不得相互告发与举证）的人伦古训；还有人说，这是法治社会中公民敬畏法律、遵守法律的表现，并无不当。女儿是否应该举报父亲？你的观点是什么？请选择并说明理由。

2. 案例二中的事件发生后，许多网友分别"站队"支持女司机或男司机，以下是部分网友的观点：

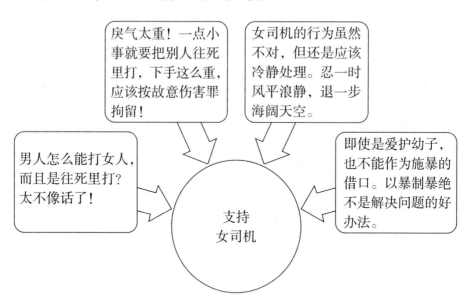

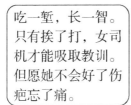

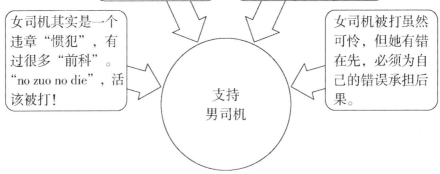

那么，你是支持女司机，还是支持男司机？请选择并说明理由。

（1）支持女司机。（ ）理由：_____

（2）支持男司机。（ ）理由：_____

【法官评析场】

以上三个案例涉及开车拨打手机、开"斗气车"和送餐员无视交通法规的问题，都属于交通违法行为。

案例一中，老陈的行为违反了我国《道路交通安全法实施条例》，他理应承担相应的法律后果。本案争议的焦点在于女儿是否应该举报父亲。其实，女儿的行为不只是"大义灭亲"，更是"大义救亲"。因为驾车拨打或接听电话会分散驾驶人的注意力，大大削弱了驾驶人的应变能力；影响其他车辆的通行效率，加剧路面车辆拥堵；导致交通事故的发生率大大提高。因此，女儿的行为，既得到了交通执法部门的认可，也得到了父亲的理解，更得到了网友的支持。目前，由于取证技术受限、执法力度不强，仅有极少数驾驶者因开车使用手机受到惩罚。所以，仍有一些司机心存侥幸。但是，杜绝道路隐患不能仅仅指望"大义灭亲"的举报，还得依靠监管部门的主动作为。

案例二中，舆情爆炸、民意反转、网友站队使得本案一时间众说纷纭、莫衷一是，但我们不能因此而模糊了对此案的公正判断。两位司机的行为都违反了安全驾驶的相关规定，都是违法行为。这种因开车而诱发心理问题的人群，在国外被称为"路怒族"。两人这种带着愤怒情绪驾驶机动车的行为，被称为"路怒症"，俗称"开斗气车"，往往表现为强行变更车道、强行超车、违法抢行、不按规定让行等交通违法行为。近年来，这类行为的发生率及导致的交通事故数量呈逐年上升趋势，严重危害道路交通安全。平心而论，道路上一些小误会、小摩擦在所难免。只要对方不是故意为之，何必不依不饶？即使遇到挑衅，也不要用他人的错误来惩罚自己，更不能用生命去一争高下。

案例三中，送餐员的种种行为都是我国《道路交通安全法实施条例》所明令禁止的违法行为。我们尊重送餐员的职业，体谅他们辛苦操劳。但是，法律面前无人情，任何违法行为都应该承担相应的法律责任。一旦发生安全事故，送餐员作为违法行为的当事人，往往还要承担主要责任。本案尤其值得深思的是，是什么让他们明知违法而为之？是什么让他们置自身安全与他人安全于不顾，而固执地坚持"不走寻常路"？其实，许多送餐员也是不得已而为之。外卖送餐行业大多数都没有底薪，想多挣钱就得靠单量。而赶着送单，必然要追求速度和时间。专家建议，应严肃处理违法违规的快递车辆，以此倒逼快递企业改进管理，从而增强快递员的交通安全意识。

道德是人们心中的法律，法律是成文的道德。凡是法治不及之处，皆是道德用武之地。对于公民来讲，维护道路交通安全，不仅要严格遵守法律法规，还应提高道德修养，强化自我约束。

【法律知识库】

《刑法》

第二百三十四条 【故意伤害罪；组织出卖人体器官罪】故意伤害他人身体的，处三年以下有期徒刑、拘役或者管制。

第二百九十三条 【寻衅滋事罪】有下列寻衅滋事行为之一，破坏社会秩序的，处五年以下有期徒刑、拘役或者管制：

（一）随意殴打他人，情节恶劣的；

（二）追逐、拦截、辱骂、恐吓他人，情节恶劣的；

…

《道路交通安全法实施条例》

第四十七条 机动车超车时，应当提前开启左转向灯、变换使用远、近光灯或者鸣喇叭。在没有道路中心线或者同方向只有1条机动车道的道路上，前车遇后车发出超车信号时，在条件许可的情况下，应当降低速度、靠右让路。后车应当在确认有充足的安全距离后，从前车的左侧超越，在与被超车辆拉开必要的安全距离后，开启右转向灯，驶回原车道。

第六十二条　驾驶机动车不得有下列行为：

……

（三）拨打接听手持电话、观看电视等妨碍安全驾驶的行为；

……

《机动车驾驶证申领和使用规定》

第六十五条　道路交通安全违法行为累积记分周期（即记分周期）为 12 个月，满分为 12 分，从机动车驾驶证初次领取之日起计算。

依据道路交通安全违法行为的严重程度，一次记分的分值为：12 分、6 分、3 分、2 分、1 分五种。

第六十六条　对机动车驾驶人的道路交通安全违法行为，处罚与记分同时执行。

机动车驾驶人一次有两个以上违法行为记分的，应当分别计算，累加分值。

【博士点睛台】

遵守交规，理性驾驶。
珍爱自身安全，尊重他人生命。

【实践拓展营】

以下是以"你最讨厌的违反交规行为"为主题的问卷调查，请在你最讨厌的几种行为前面的"□"内打"√"，并与同学交流。

■	■
□ 飙车	□ 夜间乱用远光灯
□ 违法停车	□ 斑马线前不礼让行人
□ 不系安全带	□ 电动自行车违法载人
□ 车窗抛物	□ 占用高速公路应急车道行驶
□ 随意停靠上下客	□ 闯红灯（汽车、电动车、行人）
□ 污损遮挡号牌	□ 转弯、变道、靠边不打转向灯
□ 超速行驶	□ 随意变更车道、加塞
□ 酒驾、毒驾	□ 开车的时候使用手机
□ 行人乱穿马路	□ 电动自行车逆行、走机动车道
□ 乱按喇叭	□ 高速公路倒车

15.2 摒弃暴力 远离犯罪

——暴力的代价

【典案故事会】

祸从口出

——"小口角"引发大麻烦

李某（16岁）与唐某（15岁）是初中同班同学，初二时两人还同坐一桌，睡上下铺。李某性格外向，争强好胜，爱开玩笑，有时爱搞恶作剧。唐某性格内向，少言寡语，喜欢安静。二人交往不多，但平时关系还不错。一日，李某与唐某因言语不和发生争执，唐某情绪激动，不小心抓破了李某的手臂。次日下午放学后，自认为吃了大亏的李某，纠合赵某、刘某，将唐某拦在回家的路上，对其进行殴打，致唐某全身多处受伤，经鉴定构成轻伤。法院经审理认为，被告人赵某、刘某故意伤害他人身体，致人轻伤，其行为均构成故意伤害罪，一审法院分别判处被告人赵某、刘某管制一年和管制六个月，因李某是未成年人，未满十八岁被送进少管所接受教育。

小钱大代价

——暴力抢劫受刑罚

小王、小赵出生在西部山区，二人同村，初中高中都在同一学校读书。小王比小赵高一个年级，两人因经常坐同一班车去上学而结识，一来二往，不久成为好朋友。二人喜欢在校外大吃大喝，闲暇时爱上网，热衷在网上购物，所以经常缺

钱用。为了解决经济问题，二人决定铤而走险，弄点钱来花。于是小王、小赵伙同小东、小明等人到某中学附近，对在此购买学习用具的该校学生小强进行殴打，致小强腿部受伤，并抢劫人民币20多元。经法医鉴定小强的伤情为轻伤二级。法院判决认定，被告人小王、小赵以非法占有为目的，采用暴力手段劫取他人钱财，并打伤他人，归案后不思悔改，情节较为恶劣，后果较为严重，其行为均已构成抢劫罪，应受刑事处罚。

"以暴制暴"

——寻衅滋事，伤人害己

某日下午第三节课结束后，李某到学校操场跑步，同校学生王某在跑道旁边的篮球场打球。王某在与同学对抗赛时，不小心把球投偏了，正好砸中跑步的李某，二人因此发生言语冲突。第二天李某带领一群"兄弟伙"找王某等人解决昨日纠纷，没想到

王某早有准备，于是双方在校外斗殴。争斗中李某被王某一方打伤。身材矮小的低年级学生涂某站在王某身后不远处看热闹，气急败坏的李某误认为涂某是来帮王某打架的同伙人，于是带领其"兄弟伙"持木棒

追赶涂某至另一条街，不听涂某辩解，对其一阵乱打，其中一人用木棒将涂某大腿和手臂打成轻伤。法院经审理认为，被告人李某等合伙随意殴打他人，致人轻伤，情节恶劣，其行为构成寻衅滋事罪，并依据量刑情节，对其判处相应刑罚。

【合作探究园】

学完以上案例后，请每一学习小组组建一个模拟律师团队，选择一个案例，为该案中的被告当事人辩护，维护你的当事人的合法权利。请各律师团队拟定一份辩护提纲为当事人辩护。

> 辩护提纲
>
> ·理由1：
>
> ·理由2：
>
> ·……

【法官评析场】

以上三个案例涉及青少年因"小事"而走上违法犯罪道路的问题，涉案当事人因此付出巨大代价，警钟长鸣，引人深思。

同窗共学，朝夕相处，同学间难免发生一些诸如口角等小矛

盾、小摩擦，大家若相互体谅，各让一步，很快就会尽释前嫌。但对于部分心理健康情况较差的青少年，因不能及时调整好心态，常因一些微不足道的小矛盾、小纠纷滋生怨恨，难以释怀，并因此蓄意引发冲突，甚至是流血事件。案一中就是一起同窗好友

因"小口角"而引发的大麻烦。赵某、刘某犯故意伤害罪，需承担刑事责任，李某被送进"少管所"接受教育。重视性格教育、关注心理健康，是培养青少年的一项重大课题，这需要学校、家庭和社会协同发力。

　　二三十元钱，本来是一个小数目，但案例二中刘某"因小失大"，抢劫获刑，教训深刻。抢劫是校园暴力的主要类型之一，是危及校园平安和师生身心健康的一大毒瘤。近年来，在校学生参与抢劫案件呈上升趋势。因家庭和学校教育缺失，受社会不良风气影响，一些是非不明的学生，不思进取、沉溺上网、抽烟喝酒、泡吧赌博，产生了对金钱的不合理不正当需求，为满足自己某些欲望，缺钱时便容易铤而走险，走上抢劫的犯罪道路。根据我国刑法规定，抢劫罪是行为犯，即只要行为人当场以暴力、胁迫或者其他方法，实施了抢劫财物的行为，无论是否抢到钱财，也不论实际抢到钱财多少，原则上都构成抢劫罪。许多不良青少年，往往因法律意识淡薄和法律知识匮乏，铤而走险而抱憾终身。

　　青少年应学会正确面对矛盾，解决纠纷。青少年学生倘若遭遇他人暴力伤害后，应向家长或老师求助，必要时及时报警，向

警方求助，依法维护自己合法权利，保障自己的人身安全，忍气吞声或邀约"兄弟伙"帮忙打架报仇，常导致事态扩大而无法收拾。以暴制暴，甚至迁怒于他人，伤及无辜，轻则违纪违法，重则构成犯罪。案例三是一起典型的校园暴力刑事案件。因同学间的小矛盾引发争斗，李某被打后，心有怨气意图报复，并在不能确定被害人身份的情况下，误把涂某作为报复对象随意暴打，致其轻伤。根据我国《刑法》规定，李某随意殴打他人，情节恶劣的，构成寻衅滋事罪。以暴制暴，害人害己，实不可取。

　　"勿以善小而不为，勿以恶小而为之。"在法律和道德面前，我们一定要谨小慎微，防微杜渐，切不可因小失大，从而逾越为人和做事的底线。

【法律知识库】

《刑法》

　　第二百三十四条　故意伤害他人身体的，处三年以下有期徒刑、拘役或者管制。犯前款罪，致人重伤的，处三年以上十年以下有期徒刑；致人死亡或者以特别残忍手段致人重伤造成严重残疾的，处十年以上有期徒刑、无期徒刑或者死刑。

《民法》

　　第一百一十九条　侵害公民身体造成伤害的，应当赔偿医疗费、因误工减少的收入、残废者生活补助费等费用；造成死亡的，并应当支付丧葬费、死者生前扶养的人必要的生活费等费用。

《刑法》

第二百六十三条　抢劫罪，是以非法占有为目的，对财物的所有人、保管人当场使用暴力、胁迫或其他方法，强行将公私财物抢走的行为。

以暴力、胁迫或者其他方法抢劫公私财物的，处3年以上10年以下有期徒刑，并处罚金；

《刑法》

第二百九十三条　有下列寻衅滋事行为之一，破坏社会秩序的，处五年以下有期徒刑、拘役或者管制：

（一）随意殴打他人，情节恶劣的；

（二）追逐、拦截、辱骂、恐吓他人，情节恶劣的；

（三）强拿硬要或者任意损毁、占用公私财物，情节严重的；

（四）在公共场所起哄闹事，造成公共场所秩序严重混乱的。

纠集他人多次实施前款行为，严重破坏社会秩序的，处五年以上十年以下有期徒刑，可以并处罚金。

【博士点睛台】

冲动是魔鬼，因小失大，得不偿失。退一步海阔天空，忍一时风平浪静。

【实践拓展营】

青少年暴力犯罪不仅严重危害青少年的健康和安全,还会影响社会的和谐与稳定。探究青少年暴力犯罪的原因,并找到防治青少年暴力犯罪的对策,是一项重大而现实的课题。

请你设计一个参观少管所活动方案,组织同学们参观少管所社会实践活动,实地调查研究青少年暴力犯罪的原因,并寻求治理青少年暴力犯罪的对策。

活动主题:
调查研究青少年暴力犯罪
活动目的:
探究青少年暴力犯罪的原因和治理对策,
预防和控制青少年犯罪。
活动步骤:
1.
2.
3.
活动成果:

后　记

　　为贯彻落实党的十八届四中全会"把法治教育纳入国民教育体系，从青少年抓起，在中小学设立法治知识课程"的精神，根据教育部《中小学法治教育指导纲要》的要求，我校编著了《生活中的法律》（初中版）和《法律与生活》（高中版）青少年法治教育校本教材。这套教材既是中学生学习法律知识和参与法律实践的教科书，也是青少年读者普法学习和解决生活中常见法律问题的工具书。

　　在编写过程中，我们参阅的大量司法典型案例、法律新闻报道，为我们开发本套教材积累了宝贵而丰富的素材；而律师、法官和专家学者对近年来的一些司法案例的分析和解读，也给予了我们深刻启发和巨大帮助。为此，我们表示衷心的感谢！

　　在申报建设重庆市精品选修课程和编写该套校本教材的过程中，重庆市教育科学院、重庆市江北区教委、重庆市江北区教师进修学院等单位及其相关部门给予了我们热情的帮助和大力支持，万礼修、马培高、刘奕、李大圣、范会民、刘双文、张帆、袁永忠、林波、王里苏、陈倩、傅战花、陈平、冉建平、廖家勇、舒

238

伟、杨波、李剑、淳海波、蒋术惠等领导和专家给予了我们专业的指导，提出了宝贵的意见。

重庆市第十八中学政治教研组教师既是编写本套教材的主体力量，也是我校法治教育和法治课程建设的主要践行者。陈平、蒋术惠、邱仁伟、曹晓姣、邓明、何箐、何象、黄小洛、李显玲、刘晓燕、孙薇、唐涌、汪碧波、熊文馀、徐舟、朱雯、曾祎等参与了该套教材的编写及其相关工作，为该套教材的出版和重庆市法治精品课程建设付出了大量心血。

由于编写时间比较短，编者能力有限，疏漏之处在所难免，希望广大读者提出宝贵意见。

法治教育校本教材编委会

2019 年 8 月 16 日